U0894649

托马斯·阿奎那

凡是在理智中的，无不先在感性之中

Nihil est in intellectu quod non prius in sensu

日耳曼
通识译丛

中世纪哲学

从波爱修斯到库萨的尼古拉

〔意大利〕洛里斯·斯图莱塞（Loris Sturlese）著
李彦达 译

上海三联书店

目　录

前言

在过去的一百年里，中世纪哲学史一直是意识形态激烈交锋的主战场。中世纪曾被誉为拥有“永恒哲学”的时代，也许可以弥补“现代主观主义”造成的危害。但是，有人则反驳说，在“黑暗的中世纪”里，只能看到人们对宗教教条主义的盲目依赖，由此全面否认了整个中世纪时代的任何哲学特征。实际上，在中世纪的思想脉络里，我们可以找到基督教欧洲的理想根源、宗教和平共处的先决条件、宗教审判的合法依据、封建制度的意识形态基础，同时还可以观察到文艺复兴与现代性的一脉相承关系，或者也会对过度强调历史的断裂性和不连续性产生某种质疑。

鉴于存在以上种种观点，于是有人认为，将中世纪哲学理解为一个“基本问题”比较少的完整历史阶段，它通过抗争而取得了系统化的有机成果，不仅具有合理依据，并且对哲学史研究也颇有帮助。这种历史一元论思想会造成历史叙事的双重简化：中世纪哲学被简化为所谓的拉丁“经院哲学”，而“经院哲学”则被简化为“经院哲学的大综合”，这就意味着整个中世纪哲学被压缩至1250年至1274年的巴黎哲学与神学全盛期。而此前的几个世纪仅被视为铺垫期，此后的几个世纪则仅被视为充满危机与抄袭模仿的时期。

由此导致一个跨越近千年（500—1450）的研究领域，其中包含了采用多种语言（拉丁语、希腊语、阿拉伯语、波斯语、希伯来语和中世纪晚期的民间方言）写成的无数著作，都被简化到最小数量，即13世纪在拉丁语地区建立的几个“思想界重镇”。虽然说“经院哲学全盛期”总体成就具有的哲学史意义毋庸置疑，但值得注意的是，这些经典著作的排他性特权很容易成为某些懒惰的哲学史研究者的方便借口，更何况这种阐述与历史事实也相去甚远。

通过对整个中世纪进行客观研究，就不难发现其中蕴含的多样性和复杂性；各种思想辩论；知识界的冲突、讨论和争论。即使是哲学本身的概念也不是毫无争议的，它甚至成为激烈争论的主题之一。哲学经常被理解为生活的慰藉与指南、理性的自然研究、对真理的挚爱、对被钉死在十字架上的耶稣的认知、正统派神学、修道士的生活方式或者神秘学艺术，等等。

这些生动描述哲学的尝试所体现出的历史多样性完全符合中世纪哲学研究机构的多样性，如修道院、学院、大学、大教堂学校，以及哲学家工作和讨论的地域和场所的多样性，这些地域和场所从塞维利亚到布哈拉，从约克到巴勒莫，从图尔和巴黎到巴格达、巴士拉、贡德沙普尔以及君士坦丁堡。

因此，本书力求与历史一元论的武断主张——正如其“经院哲学的大综合”概念所体现的那样——保持距离，同时本书还尝试通过其他方法阐述这段历史。

其中，针对中世纪的思想家和理论学说，本书并没有根据某种特定的哲学概念加以评判，也没有判定哪些是“哲学的”，更没有排斥某些“非哲学的”，而是力求探索那些在历史上被确定或者被视为“哲学”范畴的概念。这部哲学史将忠实记录各项主题的极端碎片化状态、哲学语言的日渐普及，以及哲学研究机构地域影响范围的急剧扩大过程。

本书将尝试进行一项实验。在记述本书的研究对象时，力求采用历史描述的方式而不是理论评判的方式，从而最大限度地减少理论偏见与意识形态偏见对史学工作的影响。因此，这部哲学史的关注重点将放在各地区的哲学研讨情况及其发展的共时性上。为了如实展现这种共时性，我选择了最客观的度量单位：世纪。本书将尝试以世纪为单元，逐一探索世界各个地区的哲学发展状况。当然，为此最多只能做出概括性的阐述。但是我相信，这应该足以证明这项实验的可行性，或许还可以表明，史学界近几十年来在相关研究中也在不断达成共识。

第一章

拉韦纳或亚历山大里亚：6—8世纪的希腊与拉丁哲学

波爱修斯，人称“古罗马最后一人和第一位经院哲学家”。几乎每部中世纪哲学史都以他的名字开始。这样做也不是没有原因的。因为在西罗马帝国崩溃后的一个世纪里，波爱修斯无疑是拉丁语地区第一位有资格被冠以“哲学家”称号的学者。他是这个世纪的第一位哲学家，甚至是唯一一位。他的形象早已随着古代神庙、学校和图书馆的废墟与我们永世隔绝，他那段几乎可以象征一个新时代开端的庄严的个人悲剧，就是从公元500年左右开始的。这位博学多才的古罗马贵族后裔曾经在政治上与东哥特王国的国王狄奥多里克合作，但后来与之发生激烈冲突，最终被指控阴谋叛国罪，并被残酷处决，其中涉及的行为动机与相关争议对后世的经院哲学来说都至关重要。他致力于将柏拉图和亚里士多德的全部著作都翻译成拉丁文但可惜没完成的宏大项目，在此后整整一千年里仍具有里程碑意义。他写的《哲学的慰藉》（*Trost der Philosophie*）即使在文艺复兴时期之后仍是非常流行的哲学读物。不过，问题来了：波爱修斯真的是他所在世纪的第一位甚至是唯一一位哲学家吗？如果将观察视野仅限于说拉丁语的西方世界——拉韦纳、罗马、帕维亚，是否隐含着对中世纪初期的哲学界做出误判的风险呢？

从雅典到拜占庭：
东方学派

实际上，这位悲剧人物所具有的魅力已经导致史学书写对客观事实做出了某种近乎不切实际的看法。波爱修斯并不是他所处时代唯一的学术大师。与他同时代的还有一大批值得尊敬的哲学家。最重要的是，甚至有些学术机构早在 6 世纪就开始研究哲学了，并写出了哲学作品。不过，要想了解他们，就必须将注意力从波爱修斯的拉韦纳和帕维亚转向东方世界，也就是君士坦丁堡、埃及、叙利亚以及波斯人的世界。因为在西方，一波又一波的民族大迁徙只留下了一片文化荒漠，而在东方，历史悠久的高等学府和各种学院在此期间仍然运作良好。

君士坦丁堡很早就设有一所皇家学院，其成立证据甚至可以追溯到君士坦丁大帝时期（330），这里委任了一位哲学教授进行正式授课。在加沙，有一所修辞学校在蓬勃发展。在尼西比斯，著名的埃德萨学校的教授们在教书育人。这所学校在公元489年被东罗马帝国的芝诺皇帝下令关闭后，不得不搬到尼西比斯。与此同时，在叙利亚西部的基利斯，有人在研究亚里士多德的著作。在美索不达米亚的贡德沙普尔，波斯国王兼哲学家库思老一世于553年创办了一所高等学府。此外，位于雅典的柏拉图学园甚至直到529年仍在正常教学，而波爱修斯本人则很可能就在亚历山大里亚的学校度过了求学生涯。

在这个世纪初期，雅典和亚历山大里亚这两个历史悠久的传统学派仍然是整个哲学界的重要代表，因为只有这两个学派保留了古老的大学课程：三科（Trivium）

和四艺（Quadruvium）[①]，最初设立的是逻辑学课和亚里士多德的哲学与科学课，后来增加了数学课，最后还增设了探索柏拉图哲学奥秘的课程。这两大学派在哲学研究和哲学教学方面的思路完全一致。在实践过程中，教授们将哲学看成一门高深的学科，需要对古圣先贤的著作进行细致的解读与深入研究。亚历山大里亚与雅典的座右铭是"哲学即评注"。至今它们保存给我们的大部分作品其实都是给亚里士多德和柏拉图作品写的注释。其中，亚历山大里亚的注释主要侧重于亚里士多德的逻辑学，包括著名的阿摩尼乌斯、奥林匹多罗斯、赫利亚斯、亚美尼亚的无敌大卫、亚历山大里亚的斯蒂法诺斯。在叙利亚和波斯（埃德萨、尼西比斯和基利斯）新创立的学派代表人物也为《工具论》（*Organon*）撰写注释，其中包括普罗巴、科都内的斯尔万、赫南尼索、芮塞纳的谢尔盖、塞维鲁斯·塞伯赫特、乔治斯以及曾在库思老一世的宫廷效力的保卢斯·佩尔萨。

雅典的柏拉图学园也在致力于研究和评注古典文献，而且已经不限于柏拉图，还包括亚里士多德的著

① 三科四艺，起源于古希腊的西欧学校的七种主要课程，"三科"包括文法、修辞、逻辑，"四艺"包括算数、几何、天文、音乐，亦可合称为"七艺"，公元4世纪时已成为公认的学校课程。——译注

作。其中，他们将亚里士多德的世界观理解为“通过感官认知物理世界”，并且在柏拉图晚期作品中探寻关于可知世界的本体论法则。该学园的领袖、著名哲学家普罗克洛斯的研究方法正是如此。在他死后（485），掌门人一职由马里努斯担任，然后是亚历山大里亚的伊西多罗担任，最后一任学园领导（515）则是达马斯基奥斯。关于《柏拉图对话集》（*Dialogen*）以及关于亚里士多德的讲座都是由普罗克洛斯的继任者完成的。其中，达马斯基奥斯在其著作《关于第一原理的问题和解决》（*Zweifel und Lösungen über die ersten Prinzipien*）中对巴门尼德的第一组假设加以扩展；并且认为宇宙的流溢基础应该包括“不可言说”“太一”“纯粹多样性”和“统一性”等理论，并将“流溢”本身解释为普罗克洛斯“三一体”的运动结果（moné：停留，próodọs：流溢，epistrophé：回归）。该学派主张将亚里士多德理论从属于柏拉图的理论体系，由此实现的和谐关系也反映了古典时代晚期的一种学术传统，而这种传统贯穿了整个中世纪，一直延续到文艺复兴时期。

普罗克洛斯是6世纪初进行的大多数哲学研讨的参照系式人物，与他形成鲜明对比的则是斐劳波诺斯的哲学研究；至于亚略巴古的（伪）狄奥尼修斯的研究成果通常被认为是普罗克洛斯理论的某种延续。约翰·斐劳波诺斯在亚历山大里亚担任语言学教授（因此他的绰号为“文法家”）。他曾经在很多年里一直为亚里士多德的作品撰写注释，依据的是他的老师阿摩尼乌斯思想中与斯塔基拉人（即亚里士多德）相一致的部分，不过，在529年，他却走上了一条非常激进的反古典主义道路。他对古希腊思想的激烈批判都收录在其论文《论宇宙永恒性：驳普罗克洛斯》（*Über die Ewigkeit der Welt gegen Proklos*）中，随后他又写出了《驳亚里士多德》（*Gegen Aristoteles*）。在这些论文以及其他著作中，斐劳波诺斯质疑了将基督教中的上帝与“第一推动者”以及不可言说的“太一”混为一谈的合理性。其中，他对“宇宙永恒性”理论的抨击，基本都是重复了其他基督教思想家的论战观点，包括加沙的埃涅阿斯写的《提奥弗拉斯特》（*Theophrastus*）、撒迦利亚写的《阿摩尼乌斯》（*Ammonius*）以及加沙的普罗科皮乌什写的《〈创世纪〉注释》（*Genesiskommentar*）。不过，与他的这些战友相比，斐劳波诺斯的洞察力更为敏锐，更注重批评亚里士多德物理学中存在的诸多问题，同时对亚里士多德获得广泛认可的理论学说质疑，例如关于“抛射运动”的解释、对真空的否定以及天空中存在的所谓特殊物质。

在《论世界的创造》（*Die Fabrik der Welt*）一书中，他拒绝了“天体活性论”的观点，并将天体运行归结为一种惯性运动。1000 年之后，他的论著再次成为科学辩论的焦点，并在近代物理学的形成过程中发挥了重要作用。

在普罗克洛斯的阴影下，叙利亚还有一位至今仍让我们几乎一无所知的基督一性论者（Monophysit）①，其化名为“狄奥尼修斯长老”。他撰写的神学、哲学文集早在 533 年就已有史料记载过。这部文集由四篇论文和十封信组成。在信中，作者叙述了基督教“使徒时期”的若干事迹，竭力暗示自己就是哲学家狄奥尼修斯，而后者曾在使徒保罗于雅典发表亚略巴古演讲之后皈依了基督教。在文艺复兴时期，此人的身份开始被质疑，但他的著作在中世纪仍然享有无可争议的权威性。事实上，他应该就是“亚略巴古的（伪）狄奥尼修斯”，通过他在其作品《论神圣之名》（*Über die göttlichen Namen*）第五章明确大量引用普罗克洛斯的文章，即可

---

① 基督一性论，是基督教在中世纪早期出现引发争议的三大“异端”之一（另外两个分别是“基督一志论”和“聂斯脱利派”），起源于 5 世纪的埃及，曾在东方教会流行。主张耶稣基督的人性完全融入其神性，所以只有神性一性而非神人两性。曾引发基督教内部巨大争议。——译注

证明这一猜测。几乎可以肯定的是，伪狄奥尼修斯应该是一位基督徒，笃信三位一体学说和创世主义，不过值得一提的是，在上述作品中，他阐述的一种神学观点确实令人想起柏拉图的《巴门尼德篇》（*Parmenides*）。在这篇文章中，伪狄奥尼修斯只采用有明显象征意义的名称（“石头”“狮子”）为上帝的命名，以及采用属于可理解范畴的名称，例如“善”“光”“美”“爱”“存在”“生命”“智慧”（普罗克洛斯的三一体！）、“太一”。其中最后一个名称具有不同含义，既可以指代“天意”，也可以指不可言说的上帝。如果肯定神学无法把握上帝的本质，则必须由此转为采用否定神学。他的论文《神秘的神学》（*Mystische Theologie*）就致力于运用否定神学的方法。伪狄奥尼修斯的论点是，肯定有一种统一的认知过程，可以帮助我们深入探索“神性的黑暗”，超越一切理性与理智，从而最终体验到与上帝的超理性相结合。这种认知仅属于少数“神圣之人”才能拥有的深奥知识。伪狄奥尼修斯将这种知识称为“神圣哲学”，而实践这种“哲学”的人则可以被称为“真正的哲学家”。在通往上帝的道路上，献身精神与苦修是必不可少的。为此，伪狄奥尼修斯还专门写过两篇特别的文章《教阶体制》（*Über die kirchliche Hierarchie*）和《天阶体制》

(*Über die himmlische Hierarchie*)。

由于存在对基督教造物主的假设，因此伪狄奥尼修斯便将《巴门尼德篇》的前两组假设(“一是一”,“一是”)理解为对同一个神的两种不同观察方式，也就是说，对神创造的世界而言，这意味着超验原则和内在原则。现实世界的基本原则（“善”“光”“美”“太一”等，与普罗克洛斯的本质论一致）揭示了“太一”的创造力。而神本身始终都是不可知的和不可理解的（参照普罗克洛斯的“停留”)，通过其可理解的属性（“流溢”)，神在自己创造的现实世界中得以展现。世界本身就是神的显灵，从这个世界可以开启一种运动，这种运动则可以通过对智识力量的逐步完善，最终在“神性的黑暗”中归于一统（“回归”)。伪狄奥尼修斯的著作在 8 世纪被译成拉丁文，此后又被多次重新翻译。在整个中世纪，这些著作都被誉为独一无二的“神圣哲学”范本，其权威性估计已接近圣保罗的地位。

529 年，很多“真正的哲学家”在欢庆一场针对老对手的重要胜利，后者一直恪守着古老的“异教徒”信仰。查士丁尼一世下令永久关闭雅典学园，并没收其全部资产。雅典学园的最后一任领导人达马斯基奥斯与其他六位同事一起踏上流亡之路，他们是辛普利西乌斯、尤拉利乌斯、吕底亚的普里西安、赫米阿斯、狄奥杰尼斯和加沙的伊西多尔。这个哲学家群体前往波斯，并在库思老一世的保护下生活。又过了几年，学园的哲学家们搬到位于伊拉克北部、靠近埃德萨的哈兰定居。辛普利西乌斯在此地为亚里士多德的著作撰写了学术评注，这些评注至今仍是我们了解前苏格拉底哲学思想的重要来源。吕底亚的普里西安则写出了《关于波斯国王库思老一世所提疑问的解决方案》（*Lösungen der Zweifel von Chosroes, der Perser König*），其中探讨了一系列自然科学问题（灵魂、梦想、季节、潮汐、元素、蛇毒和风），此书在加洛林王朝时代被译成拉丁文，并广为流传。这些流亡哲学家在哈兰创立的学术传统一直延续到 10 世纪的伊斯兰教时期。

不难发现的是，在中世纪初期，研究哲学是一种危险行为。各大政治势力都在谋求意识形态上的合法性，但同时也在驱逐、迫害甚至杀害那些不顺从的哲学家。来自君士坦丁堡的忏悔者圣马克西穆斯就是如此，作为一位博学的僧侣，在其漫长人生的最后时光，他因为激烈反对拜占庭皇帝和大主教所推崇的关于基督、上帝与人具有同一个意志的教义而闻名，即所谓的“基督一志论”（Monotelismus）[1]，并因此被起诉和定罪，于 662 年死于残忍的酷刑——割掉舌头并砍去右手。在他撰写的大量神学和灵修类著作中，重要的代表作有《质问塔拉修斯》（*Fragen an Thalassios*）、《书信集》（*Briefe*）和《神秘学》（*Mystagogie*）以及对纳兹安祖斯的格里高利和亚略巴古的伪狄奥尼修斯作品的注释，马克西穆斯主张按照新柏拉图主义的“流溢”（创造与堕落）和“回归”（和解与救赎）模式来解释宇宙历史，尤其关注彰显“圣言”的罕见神迹。他主张的“成神论”（théosis）学说，即通过将“由理性和沉思组成的哲学”付诸实践，就可以“成为神”，吸引了后来的约翰内斯·爱留根纳，他将马克西穆斯誉为“神圣哲学家”，并将他的一些著作翻译成拉丁文。

拉丁西方：
拉韦纳、塞维利亚和贾罗

在结束了东方世界的地平线之旅后，如果返回波爱修斯和拉丁西方，就会看到一幅更为客观的画面：一

① 基督一志论，7 世纪初起源于亚美尼亚和叙利亚的基督教学说之一，主张耶稣基督只有一个上帝的意志，而非同时具有人的意志。拜占庭皇帝康斯坦斯二世曾下令全国信仰此学说，违者治罪。——译注

个仅属于外围边缘的哲学世界。波爱修斯于515年预计将柏拉图和亚里士多德的著作译为拉丁文并撰写注释的项目，以及他宣称准备将两位学者的论点协调一致的意图，其实都属于同一时期新柏拉图派的学术传统。他的三部早期科学论著《算术入门》(*Arithmetik*)、《音乐入门》(*Musik*)、《几何学》(*Geometrie*)，实际上只是杰拉萨的尼科马霍斯和欧几里得作品的汇编，外加一些针对亚里士多德的逻辑学著作［《范畴篇》(*Kategorien*) 和两个版本的《解释篇》(*Über die Deutung*)］写成的注释，总体水平远没有超过亚历山大里亚哲学界的相关范本。

除了他从事的翻译工作——其实也仅限于亚里士多德的《工具论》，波爱修斯在激进神学领域还有所作为。通过撰写一系列短文，即《神学论文集》(*Opuscula sacra*)，他积极为拉丁教会辩护，批判聂斯脱利派(Nestorianer)[①]和基督一性论者［《反对优迪克和聂斯脱利》(*Gegen Eutyches und Nestorius*)］，同时致力于探讨三位一体学说［《三位一体是一个神而不是三个

① 聂斯脱利派，基督教派别之一，起源于5世纪的叙利亚地区，从希腊正教中分裂出来而成，流行于中亚、印度和中东地区，主张“基督二性二位说”，不承认罗马教会的炼狱，也不承认玛利亚是圣母。该教派在唐代曾传入中国，又被称为“景教”。——译注

神》(*Quomodo Trinitas*)、《圣父、圣子、圣灵是否神的本体性的表述》(*Utrum Pater et Filius*)],并考察了与创造世界相关的“善”的概念[《同者相求:本体如何因其存在而为善,而非本体就是本体性的善》(*Wie die Substanzen insofern, als sie sind, gut sind*)]。这些议题既是神学问题,也算是政治问题,因为不同的教义立场同时也是不同政治派别的关键识别特征。波爱修斯还同时拥有执政官和参议员的身份,522年,他被任命为狄奥多里克宫廷的首席执政官。于是,他的哲学和神学立场不可避免地具有极高的政治敏锐性。后来,大概是因为波爱修斯的著作《神学论文集》被解读为“试图调和西方与东方的教会”,而这就意味着在政治上“围堵”信奉阿里乌教派(Arianisch)[①]的哥特人。因此波爱修斯被控叛国罪,并被判处死刑(524)。

在帕维亚的三年囚禁生涯,他写成了自己的代表作《哲学的慰藉》。书中围绕的是一场作者与现身于地牢的哲学女神之间展开的对话,后者真诚地借助理性疗法对他加以安慰(第一卷)。通过对世俗幸福的“不可靠”性加以反思(第二卷),并得出结论:最崇高的幸

① 阿里乌教派,基督教历史上一个被视为异端的派别,创建于公元4世纪初,只在日耳曼民族中传播甚广。——译注

福等同于最高贵的神性，而上帝正是诸多善行的顶峰与终极目标（第三卷）。上帝作为唯一的至善并作为天意统治着万物；哲学家应该为彰显上帝的意旨而实践美德（第四卷）。上帝的全知全能与人类的自由意志可以兼容，因为上帝具有超越时间的神性（第五卷）。在这部具有顶级文学水准的经典著作中，波爱修斯通过时而采用诗歌、时而采用散文的手法，深入探讨了伦理学、神学和自由等宏大的哲学主题，其中借鉴了新柏拉图主义和斯多葛主义的理论传统（柏拉图、西塞罗、塞涅卡、奥古斯丁）。他向后人传递了重要的古典哲学理念，其中包括记忆理论、天体活性论、宇宙秩序即为数字比例的搭配以及上帝思想的成果。不过，最重要的是，波爱修斯让无数读者学会如何通过特定的方式理解哲学：哲学既是认识世界的知识，同时也是生活的指南，既是对古代经典著作的思考，也是一种充满信任与和解的尝试，通过运用理性的方式，就可以探寻真理的源头。

波爱修斯没有创办过任何学校。他的朋友卡西奥多罗斯曾经尝试按照尼西比斯和基利斯的模式成立一所神学院（卡拉布里亚的维瓦里乌姆），但在他死后不久（约580）就解散了。即使在此后的一段时间里，西方在文化方面仍然远远落后于东方。具有里程碑意义的文化重镇始终在已知世界的边缘地带随机更换。伊西多尔主教在西哥特王国的塞维利亚埋头研究，比德则在盎格鲁-撒克逊王国的贾罗从事写作。除了这两个人，拉丁欧洲直到 9 世纪再没有任何其他值得一提的哲学大师。两位学者都为《圣经》评注以及教会实践工作贡献过学术著作。伊西多尔在中世纪曾凭借《词源》(*Etymologien*) 而声名显赫，此书通过汇编各个领域的专业技术术语，阐述了当时人类的一切知识。他还写了《论事物的本性》(*Über die Natur der Dinge*)，总结了诠释文献所需的纪年法、宇宙学、天文学和气象学知识。比德也写了一部相同标题的著作，风格模仿伊西多尔。这些著作都代表了一种尚未成体系的宇宙观，其中所展现的自然界并不具备任何独立属性，而是完全被诠释为一系列神迹的复合体，最终都在指向上帝的意志。总体来说，伊西多尔对哲学家这门职业还有着比较具体的概念："哲学家们应该关心的是"——他写道——"探索宇宙的根源"。因此，中世纪的哲学除了被称为 divina philosophia（"神圣哲学"代表人物：伪狄奥尼修斯、马克西穆斯），以及作为 consolatio（"安慰"）的生活指南之外，现在还增添了另一种充满前景的内涵：mundi quaerere rationem（"探索世界的本原"），即哲学作为理性的自然研究。

第二章

阿拉伯语作为哲学的第三语言：9—10世纪

在介绍9世纪的哲学体系时，历史学家也应该参照上一章开头的形势，对这一时期重新做出判断，也就是说，应该尽可能摆脱“西方中心主义”的陈旧研究方法（关键词：“加洛林文艺复兴”），将研究视野从西欧经由拜占庭扩展到美索不达米亚。虽然说在西方，特别是在查理曼大帝及其第三任继任者秃头查理统治期间，也可以看到学术界出现的某种复兴。在这一时期，人们翻译了一些希腊典籍，进行了若干神学和哲学方面的研讨，甚至还有像约翰内斯·爱留根纳这样的杰出思想家参与其中。但是，如果我们将西方与东方加以比较，就不难发现二者在质量和数量上的巨大差距。例如，在获取古代知识方面，也就是在整个中世纪都至关重要的翻译领域。在西方，那些通晓希腊语的学者都把精力集中在围绕“圣像破坏运动”[①]的拜占庭文献、《狄氏文集》（*Corpus Dionysiacum*）以及“忏悔者圣马克西穆斯”。而在东方，在从上一个世纪就开始被伊斯兰化的广大地区，阿拔斯王朝的哈里发已经将自己定位为古典时代和希腊化时代的古代遗产继承者，并在巴格达、巴士拉和库法宣布：拯救和学习古代哲学和自然科学典籍将是国家的最高目标。

历代哈里发都非常支持基督教学者的工作，鼓励他们不断将古籍翻译成阿拉伯语。839年，位于巴格达的“智慧之家”[②]就是为了这个目的而建立的，这是一所模仿贡德沙普尔样板的学术机构。在当时的伊斯兰世界，

① 圣像破坏运动，8至9世纪发生在拜占庭帝国的破坏基督教会供奉圣像和圣物的大规模运动，由皇帝利奥三世于726年掀起，沉重打击了拜占庭的教会，导致教会只能依附在君权之下，从而进一步加深了东西教会的裂痕，最终导致拜占庭帝国和西欧的关系全面恶化。——译注

② 智慧之家，8世纪由哈里发哈伦·拉希德在阿拔斯帝国的首都巴格达建立的一所图书馆兼翻译机构，又名“智慧宫”，翻译和保存了大量古希腊流传下来的哲学和科学文献，是阿拉伯文明兼容并包时期的象征。——译注

Aristutalis 和 Aflatun（即亚里士多德和柏拉图）这两个名字可谓家喻户晓，属于那种在任何图书馆都可查阅到作品的学者。在第一个千年结束之际，一位使用阿拉伯语阅读的知识分子对亚里士多德作品具有的情结，已经完全达到我们当代人的水平。其中还包括盖伦、托勒密、欧几里得以及其他几百部继承了亚里士多德、柏拉图与赫尔墨斯传统的医学、光学、天文学和哲学著作。但是在西欧的大教堂学校和本笃会修道院，情况则截然不同，在那里的图书馆和抄写室，知识早已彻底僵化：对当时的西欧人来说，亚里士多德只在波爱修斯翻译并流传的《范畴篇》中略有提及，而关于柏拉图，人们甚至压根不知道《蒂迈欧篇》（*Timaios*）的完整内容，西欧人关于自然及其规律的主要知识来源是古典时代晚期的柏拉图主义学者马蒂亚努斯·卡佩拉和马克拉比写的寓言类作品。因此，我们在介绍这个世纪的哲学史时，就需要从东方世界开始。

东方的阿拉伯哲学：巴格达和巴士拉

拉丁人、拜占庭人和阿拉伯人在一件事上毫无区别：

他们都遵照各自的神学思想要求，对社会和个人实行管理和规范。在这方面，帝国主教、修道院长和毛拉们的想法都完全一致。伊斯兰学者马立克·伊本·艾奈斯对《古兰经》所载“真主已升上宝座”做出的注释，不仅是麦地那保守派神学院的枯燥文件（马立克就在这所学院教书并于796年去世），更像是西方同行经常宣扬的老生常谈（见彼得·达米安的著作）。不过，从长远来观察，无论是伊斯兰神学家还是基督教思想家，都很少有人真正放弃过提出质疑，人们仍然选择通过理性方法做出判断。因此，在东方世界也兴起了一种辩论式神学，试图将各种哲学命题衔接起来，从而促进人们对哲学文献与思想的兴趣。

实际上，在伊斯兰教广泛传播前的几个世纪里，东方地区的整体文化环境就已经不是基督教正统派所幻想的那种充满了“虔诚”与狭隘观念的情景。这个灰暗的梦想也许一度在拉丁西方和拜占庭实现过。但在叙利亚、波斯和巴比伦，则呈现出一幅复杂、动人、生机勃勃的画面，仿佛是一张由文化、哲学以及思想汇成的马赛克彩画。除了位于美索不达米亚、巴士拉和巴格达等核心商业都市的传统型神学院校之外，由瓦绥勒·本·阿塔创立并由艾布·胡栽勒继续主持的学派就是“穆尔太齐赖派”（又名“统一公正派”），该学派宣扬否定神学，信奉上帝的善与公正，主张人类意志自由说以及偶然主义的自然观。在当时的叙利亚，有一批世代从事古代文献翻译工作的聂斯脱利派信徒，巴格达“智慧之家”的馆长塞赫勒·伊本－哈伦从中招募了他的专家，其中包括著名的医生侯奈因·伊本·伊斯哈格、他的儿子伊斯哈格、侄子胡巴伊什、古斯塔·伊本·卢加和伊萨·伊本·叶海亚。这一文化彩卷的另一个重要基石就是哈兰的萨比教徒的传统，他们认为自己的起源可追溯到希腊神话中的赫耳墨斯以及希腊化的异教时代。该传统的杰出代表是塔比·伊本·库拉，他是托勒密的《天文学大成》（*Almagest*）的译者，为亚里士多德的作品写过注释，同时还写过一批占星学与天文学著作，发现了地轴的岁差和章动等天文现象。此外，还有一个强大的波斯文化群体，他们拥有自己独特的占星学和神秘学传统（想想穆罕默德·本·穆萨·阿尔·花剌子模和艾布·麦尔舍尔·巴尔希）、伊斯玛仪派，还有像大卫·阿尔穆加米斯、萨阿德叶·加昂和以撒·所罗门·以色列那些犹太思想家。最后，值得一提的是，对宗教持批判立场的哲学家在此时期也经常出现，例如巴尔克的奇维、拉齐和伊本·拉旺迪。

在这幅哲学的全景图中，艾布·亚库布·阿尔－肯迪堪称同时代哲学家中的翘楚。作为曾为马蒙和穆阿台绥姆两代哈里发宫廷效力的阿拉伯贵族成员，他写过上百部作品，其中大约有 40 部保存至今（部分作品只有拉丁语译本）。他受到“穆尔太齐赖派”的教义学（认主独一论、否定神学）影响很深，并主张神学的立场（例如无中生有的创世论、安拉全能论、复生理论、预言的自然主义理论等）应该与哲学思想保持一致，他把哲学定义为“根据人类能力对事物实在性的认识”，并认同亚里士多德的理论学说。在影响深远的论文《论理智》（*Über den Intellekt*）中，他根据亚里士多德《论灵魂》（*Über die Seele*）一书的相关章节，同时借助于对阿弗罗狄西亚的亚历山大著作的解读，分析了“理智”这一概念的四种解释方法。不过，肯迪的亚里士多德思想其实掺杂了大量来自新柏拉图主义的理论要素，例如，他将依照普罗提诺的《九章集》（*Enneaden*）汇编而成的《（伪）亚里士多德神学》（*Theologie des Aristoteles*）当成一部原创之作，并加以引用。为此，在其学派内，还有人写过一本《论原因》（*Buch der Ursachen*），内容基本都是普罗克洛斯的《神学要义》（*Elemente der Theologie*）摘录而已。在他的《光学》（*Über die Strahlen*）一书中，也可以看到大量的新柏拉图主义和神秘学理论要素。在这本书里，他认为通过“照射”可以看到宇宙统一与保持和谐的根源，这些照射不仅来自天体，更来自地球上的物体。作为与世界保持和谐的象征，人类可以通过自身“照射”出的文字以及神奇的公式来影响自然。为此，肯迪依据“星体决定论”提出一种解释自然的模式，在阿拉伯世界中产生了很大的影响，也给拉丁西方留下了深刻印象。除了神秘学观点，这种解释模式带来的第一个结果就是实现了遵照内在原则自主探索自然的合法化。通过这些物理光学领域的精彩论文（其中还包括一部关于天文视差效应的作品），证明肯迪并不是迷信的神秘学术士，而是一位真正的哲学家和科学家。873 年，肯迪在巴格达去世。

在跟肯迪隔了几代人之后，波斯医生阿布·贝克尔·穆罕默德·伊本·扎卡里亚·阿尔－拉齐登上了东方哲学界的舞台。他生前在雷伊（他的出生地，他在当地担任一家医院的院长）和巴格达两地轮流居住。他的医学代表作是以盖伦继任者之名写成的《曼苏尔医书》（*Buch von al-Mansur*，此书在西方名为 *Liber Almansoris*，曾广为流传）。拉齐的形而上学著作经常饱受批评，而且不幸的是，这些作品未能流传给我们，其中阐述的是一种受柏拉图思想启发而成的原创理论：世界同时并存五种永恒的本原，是世界存在的基础，即造物主、灵魂、原质、空间和时间，世界的创造是由于前三种本原之间的平衡性受到了干扰。在两部带有道德说教内容的著作中，即《精神医学》（*Die geistige Medizin*）、《论哲学生活》（*Das philosophische Leben*），拉齐提倡一种略带禁欲主义色彩的哲学家式的理想生活方式，通过运用理智，可以净化自己的激情，并"复归于神"。人类的智慧来源于"神性的本质"，灵魂是不死的。主流的宗教人士对拉齐多有批评，认为他复苏了伊本·拉旺迪曾经提出过的宗教批判主张，把他的著作看作一套只对民众有益的寓言作品。

致力于协调柏拉图和亚里士多德的哲学观点，一向是阿布·纳斯尔·阿尔－法拉比开展研究的特点。他来自中亚的河中地区（今天的哈萨克斯坦南部），曾在巴格达向"智慧之家"翻译运动的著名代表人物、聂斯脱利派学者尤哈那·哈依兰学习过亚里士多德的逻辑学。据法拉比自述，在这所学校工作的还有玛塔·伊本尤努斯，他曾经让亚历山大里亚的亚里士多德学派传统重新复苏，还为此确立了学术规则。法拉比认为，《工具论》的逻辑学原理不仅回答了关于真正哲学方法的问题，而且还建立了一个适用于所有学术类型的全能体系，甚至还包括神学和法学。人类在思考时有五种推论方法：论证三段论、辩证三段论、诡辩三段论、修辞三段论和诗学三段论。其中，单靠论证三段论本身即可发现真理，这就是属于哲学范畴的方法；而宗教则更多采用辩证和诗学的讨论方式，并在低水平的认识论层面上摇摆不定。通过使用这种方法论，法拉比摆脱了具有肯迪学术特征的和解立场。他力求建立并捍卫的自主性哲学体系明显属于带有亚历山大里亚特征的亚里士多德主义；不过，这套形而上学理论对普罗提诺的思想也是来者不拒。在《论完美城邦》（*Der vorzügliche Staat*）一书中，他阐述了一种“流溢说”理论，其中设定了若干个基本原则，包括“第一原因”“第二原因”（九种理智）、“主动理智”（就是第十理智）以及“形式和物质”。第一理智是作为超越一切的“第一原因”创造的“第一存在”流溢而出的。它通过思悟第一原因而产生第二理智，并通过自悟本体，创造了一个有灵魂的太初天体。通过这种方式的“理性流溢”，陆续创造出托勒密式的天体系统，第九理智流溢出了月球和“主动理智”，后者则产生了人类认知万物的智慧。在这一理论中，法拉比融合了亚里士多德学派和新柏拉图主义的观点。他确立的假设前提包括：任何可观测到的天体运动都是依据某个对应的运动原理（天体精神）进行的，而由天体精神引起的圆周运动则通过一个原理（理智）加以调节，该原理借助自身的引力发挥作用。这套理论是在亚里士多德学派理解的宇宙体系基础上，补充了“流溢说”思想，由此解释了“第一理智”完成创造之后，宇宙各个组成部分之间存在的区别。通过阿维森纳继承并传播的这一理论，法拉比实现了将人类理性提高至可以静观（包含在更高智慧内的）理想宇宙法则的层次。其中蕴含的就是人类的幸福，并显然具有纯粹的哲学性质，为此，离不开相应的政治制度加以推动和支持。

840 至 980 年间，在巴士拉的伊斯玛仪派信众中出现了一本由 52 篇论文组成的匿名文集，其中论述了自然科学、理性心理学、形而上学和神学问题：其实这是精诚兄弟社（Ikhwân al-Safâ'）①所写的涉及门类最广泛的中世纪百科全书之一。这部著作以哲学理念为基础，认为人类可以通过认知以及“根据人自身的能力，对神

---

① 精诚兄弟社，是 10 世纪中期在巴士拉成立的伊斯兰教秘密学术组织，又称公道派或百科全书派，由一批思想开明的穆斯林知识分子组成，主张博采众家之长，研究和学习对人类有益的一切宗教、哲学思想以及科学知识。——译注

加以模仿”，实现灵魂的自我净化，这看上去是一种在宗教启示录中融入理性元素并同时面向个人和集体的自我完善之路。

对哲学抱有类似见解的还有犹太医生兼哲学家以撒·所罗门·以色列，他为法蒂玛王朝设在凯鲁万的宫廷效力，在其作品《定义之书》（*Buch der Definitionen*）中，他认为：“哲学就是根据人自身的能力对造物主作品加以模仿。”他将柏拉图在《泰阿泰德篇》（*Theaitetos*）中提出的“同化”思想理解为：哲学化的灵魂可以升华成造物主的第一效应，即可以产生一切形式和一切物质的神圣智慧。用阿拉伯语从事写作的以撒完全遵循了新柏拉图主义的核心理念。与此同时，还有一位犹太学者萨阿德叶·加昂也在用阿拉伯语进行写作，他还是犹太教哲学的创始人。他生于埃及的法尤姆，出生后不久就搬到了巴格达，附近就是著名的苏拉犹太教神学院。928 年，萨阿德叶担任这所学院的院长一职，并因此获得“加昂”（“领袖”）[①]的称号。在他撰写的大量评注、法学文章和辩论类作品中，他采用了一种理性

① 加昂是希伯来文“Gaon”的音译，意为“庄严、卓越”，特指 7 至 13 世纪巴勒斯坦和巴比伦两地德高望重的犹太教精神领袖和学者，后来泛指有重大影响的犹太教神学家。——译注

主义的解释方法，并尝试将犹太教描述成一种理性体系，因为他确信哲学与宗教之间并不矛盾，而是可以相互促进，由此实现从神圣源头中产生真理。在他的代表作《信仰和判断》（*Das Buch der Religionslehren und der philosophischen Meinungen*）里，他支持“穆尔太齐赖派”教义学特有的理念，例如主张绝对的认主独一论，坚信上帝的公正性，同时还强调了人的自由意志，并对神的理性戒律与仪式法则做出了系统化的理性解释。

综上所述，我们可以看到：在第一个千年结束时，在马格里布和哈萨克斯坦之间已经形成了一个成熟、复杂但体系精密的哲学世界。从政治视角看，这是一个属于伊斯兰教的世界。然而，如果将上述所有思想史现象都贴上“伊斯兰哲学”的标签（其实大多数相关研究也正是这么做的），似乎是一种不尽合理的以偏概全。由于被冠以某种特定宗教的名称，“伊斯兰哲学”这种关键词往往会暗示着一种教派属性，实际上这种属性对上述学者来说只是次要的。因为，与西方不同的是，东方的绝大多数哲学家并不是任何宗教的神职人员。

因此，我们更愿意用“阿拉伯哲学”来取代“伊斯兰哲学”这个名称。阿拉伯语早已成为东方世界用于哲学写作的语言。需要指出的是，除了各种标签之外，在这几个世纪里，实际上已经出现一种前所未有的全新文化现象：除了希腊语和拉丁语，还有第三种语言同样达到哲学语言的水平，那就是阿拉伯语。法拉比是推动实现这一进程的重要人物。当然，为此做出卓越贡献的参与者还有很多，他们有些是很虔诚的信徒，有些则不算太虔诚，而且他们分属于不同的宗教，并不仅限于伊斯兰教。

西方的哲学：
宫廷里的学术讨论

大约在公元800年，图尔修道院院长弗里德基斯（他也是约克的阿尔昆的弟子及其院长一职的继任者）写了一篇题为《论虚无与黑暗》（*Über die Substanz des Nichts und die Finsternis*）的论文。这两个术语就是他的论文题目，似乎都只是在描述虚无的类别（即“非存在”的类别），因为“无就是不”这句表达的实际含义是：“无就是空无一物”，所以这句表述的默认前提是存在（真实的）“物体”。这里的关键之处既不是弗里德基斯的逻辑学推导结果，也不是他提出的问题可能产生的哲学影响（这显然就是《圣经·创世纪》第一章第二节所说的

“空虚”与“黑暗”)。更值得关注的是，当年弗里德基斯在完成这篇论文之后，马上将其寄给查理曼大帝。大帝立即将文章交给爱尔兰僧侣敦加尔进行鉴定（查理曼大帝后来得到了此人提出的关于 811 年日食的报告）。又过了几年，里昂的阿戈巴德大主教出版了一本书，名为《反对弗里德基斯的意见》（*Buch gegen die Einwände von Fridugis*），当然，书中并没有提及“虚无”问题，而是探讨（柏拉图主义的）“世界灵魂”被创造之前的“前存在状态”，阿戈巴德认为这种观点是弗里德基斯提出的，并对此进行了激烈批评。

查理曼宫廷对“虚无”问题的讨论，与同时期探讨类似问题（“不仅探讨存在，更要探讨非存在”）的伊斯兰学者形成奇特的鲜明对比。但是，这场讨论之所以让我们格外感兴趣，是因为其中包含了诸多元素，可以为我们提供展现此时西方文化形态的具体信息。首先，这场讨论的中心人物都是与帝国政权关系密切的神职人员。其中包括有权有势的修道院院长、主教、博学的旅行传教士，他们都是在政治上无可挑剔的宗教界精英人士，都精通专业化的阅读和写作技能。人们在讨论中所提出的质疑，以及这些精英刻苦钻研的文献，也都符合上述专业水平：能够理解《圣经》中晦涩艰深的内容，善于运用柏拉图主义的相关理论，并将哲学和神学思想进行结合，以及始终坚信能够从“教父时期”[①]传统文献中提炼出最终的明确答案。

时隔半个世纪后，我们可以看到，这些历史要素又在秃头查理的宫廷进行的另一场讨论中重新出现。撒克逊本笃会的哥特沙克在848年写了一篇题为《预定论》（*Über die Prädestination*）的论文，其中借鉴了奥古斯丁的晚期思想，他认为（上帝）不仅让选民预定得永生，而且还让恶人预定永远受折磨。哥特沙克历来推崇奥古斯丁的反古典主义方法，不过，就在他所处的时代，基督教的重要精英人士正在尝试着将古典时期的价值观和教育体系应用于基督教，并使之成为神职人员教育计划的核心内容。于是，哥特沙克受到了该群体中的一位实权人物（美因茨大主教赫拉班·莫鲁斯）的指控，后者正在针对这一问题撰写一篇题为《论教士的培养》

① 教父的原义为“父亲”或“父老”，公元98至590年的早期基督教会以此头衔来称呼有威望的教会长老。教父们的作品受到了古希腊哲学的较大影响，对后世基督教教义和神学产生了深远影响，是研究基督教神学思想的重要依据。具体分为希腊和拉丁两大派，各有著名的“四大博士”：希腊教父是纳西昂的格列高利、巴兹尔、约翰·克里索斯顿和阿塔纳修斯；拉丁教父是安布罗斯、哲罗姆、奥古斯丁和大格列高利。——译注

（*Über die Bildung der Kleriker*）的论文，并且为此编纂了一部卷帙浩繁的百科全书《论事物的性质》（*Über die Naturen der Dinge*）。兰斯的安克马尔和里昂的弗洛鲁斯都站在赫拉班这一边。哥特沙克因此被判刑入狱。实际上，他对奥古斯丁理论的一贯坚持也并非没有支持者，比如科尔比的拉特兰努、费里埃的卢普斯，以及——尽管有些保留——特鲁瓦的普鲁登修斯都支持他的观点。在这种背景下，约翰内斯·爱留根纳（又称司各特，别名"爱尔兰人"）首次登上历史舞台，他是秃头查理宫廷里的语法和逻辑学教授，精通希腊语。根据皇帝的命令，他也为此写了一本书《论神的预定》（*Über die göttliche Prädestination*），可惜的是，他的声音未能被当时的主流观念所接纳。

爱留根纳的作品与其他人的区别首先体现在方法论上，其他学者热衷于整理各类权威文献以及教父哲学的箴言，并认为只需遵循传统即可清楚地听到真理之声，而爱留根纳则明确地通过"被希腊人习惯称为哲学的相关学科"寻找解决方案，同时注重古典时期的逻辑理性论证艺术。他为此做出的理性调查结果是，哥特沙克（和奥古斯丁）的"双重预定论"（doppelte Prädestination）并不符合神圣物质的绝对统一，也不符合人类的意志自由，而这正是道德伦理秩序的先决条件。爱留根纳这部小型杰作虽然支持了多数派的立场，但他在方法论上表现出对哲学辩证理性的信任，因此很快就饱受批评，被认为破坏了教会的传统和《圣经》的权威性。

虽然备受攻击，但爱留根纳并没有失去皇帝的恩宠。相反，他被授予一项颇具声望的重要使命：在希尔都因推出译本之后，现在由他负责重新将《狄氏文集》翻译成拉丁语。通过对东方教父哲学进行潜心研究，他不仅翻译了伪狄奥尼修斯的著作以及马克西穆斯的《疑难句解》（*Schwierigkeiten*）和《质问塔拉修斯》，还完成了自己的代表作《论自然的区分》（*Periphyseon*）。尽管在《论神的预定》（约 851）一书中，他仍在奥古斯丁的拉丁神学范畴内左摇右摆：一方面承认关于神性完美的陈述有道理，但另一方面，在这本书里，他也在试图通过验证有效的“辩证的理性主义”方法，从哲学角度解释《圣经·创世纪》，不过，为此他采用的是东方传统的“否定神学”新视角。《论自然的区分》一书的系统化视野建立在“自然”这一最基础的概念之上，其中可以从四种依据“可创造性”原则的视角加以观察。具体可划分为：“创造而非被创造”的自然（指的是作为万物初始创造者的上帝）、“被创造又能创造”的自然（指的是上帝创造意志的始因或指导理念)、“被创造而不能创造”的自然(包括人在内的万事万物,其运行准则为自由)以及“不创造又不被创造”的自然(上帝作为最终目标与执行意义)。通过这四种自然类型的划分,可以看出爱留根纳在对《圣经·创世纪》进行解读时,显然相信《圣经》以比喻的形式包含了自然的原则,而哲学的使命则在于,通过理性的研究确定这些原则,并确保这些原则容易被人理解。

在构成《论自然的区分》的五卷内容中,第一卷论证了《圣经》中关于上帝的表述只能按非字面的含义来理解,因为这些内容可以划分为十个类别,而这十个类别实际上只适用于经验现实。正如伪狄奥尼修斯曾经论证过的,探讨“上帝”的唯一合理方式是将肯定与否定两种方式结合起来,即最高级的肯定。第二卷和第三卷探讨了万物的始因与永恒的创造法则。在最后两卷中,爱留根纳提出一种将人视为宇宙中心的理论,同时,人也是宇宙的结晶,作为“第二上帝”,人的完美之处在于,以人类独有的方式表达出唯有通过哲学研究才能在自然中发现的神性完美。而哲学活动则被证明是一条通向道德净化并与上帝结合起来的道路。

有史料证明,这部爱留根纳作品的抄本在当时最重要的文化中心拉昂、欧塞尔和科尔比都曾流传过，特别是在 12 世纪，很多读者还能读到这本书的原著，还有奥诺里于斯·奥古斯托都南西斯为之编写的作品大纲，曾经以《物理学奥秘》(*Schlüssel der Physik*) 为书名广为流传。1210 年和 1225 年，教会一度反复批判过这种所谓“泛神论”(Pantheismus) 的思想，但此举未能完全消除人们对这部如此相信理性力量的“基督教哲学”经典的浓厚兴趣。库萨的尼古拉在他的藏书室就收录了这部书的原著以及奥诺里于斯的大纲。

约翰内斯·爱留根纳的成就表明，9 世纪和 10 世纪的哲学家们，不仅活跃于遥远的美索不达米亚，而且还生活在法兰克帝国。东方的文化大师、被称为“阿拉伯哲学家”的肯迪，则被遮蔽在爱尔兰人的神秘阴影之下，人们甚至不知道肯迪是一名神职人员还是一名民间学者，更不知道在他的学校里，他写出了自己的座右铭“除非通过哲学，否则没有人可以进入天堂”[《马蒂亚努斯·卡佩拉的注释》(*Bemerkungen zu Martianus Capella*)]。如果再增加第三位哲学人物，也许会让这个哲学圈子更加完整，他就是君士坦丁堡的“哲学家”莱昂斯，据说凭借他在自然科学与数学领域的渊博知识，哈里发马蒙曾经特地派遣使臣招募他去巴格达。不过莱昂斯显然更愿意在君士坦丁堡的马格瑙拉宫学院担任教职，同在该学院教书的还有牧首佛提乌，他是巨著《群书摘要》(*Bibliothek*) 的编纂者，此书汇集了古典时期诸多哲学家的作品摘录内容。

从某种程度上说，这些人恰好坐在哲学知识的源头，因为他们在保存着古代大师经典著作的图书馆里，正在用书写速度更快、效率更高的新型书写方法（希腊语小写字母）复制这些著作。如今保存给我们的柏拉图和亚里士多德最古老的手稿是在此时期编辑和抄写而成的。但是，对拜占庭文化而言，这些古代文献并没有发挥出在阿拔斯世界中那样的显著作用。在君士坦丁堡，人们更倾向于将古代哲学视为早已被基督教超越的东西，同时热衷于争论圣像问题以及三位一体的起源。然而在巴格达，人们则声称继承了希腊哲学的遗产，并将哈里发描绘为希腊人、波斯人和印度人探索出的古老科学传统的唯一合法继承人，他们的相关文献现在都将有待恢复。阿拉伯人和拉丁人都在关注着拜占庭，一些人希望获得更多的科学文献，而另一些人（比如爱留根纳）希望从充满东方智慧的新柏拉图传统中捕捉到一丝光明。

第三章

波斯医生与拉丁地区的本笃会修道院院长：11 世纪

哲学议题无法在思想的天空中自我论证，而是作为思想者与理性辩论者的具体项目在地球上诞生。在整个中世纪，无论在东方还是西方，这些人，也就是哲学家们，都属于具备读写能力的少数群体。因此，他们是各国知识界精英中的杰出成员。通过对这些哲学家的社会地位、教育节点以及个人经历进行比较，可以帮助我们进一步了解中世纪社会精英阶层的招募和传承机制。

其中，阿拉伯世界与拉丁世界在中世纪早期的情况就截然不同。在东方，哲学家通常是教师、翻译家、富人、医生，还有按照古典时期的教育方法培训出来的宫廷官员——由家庭教师、宫廷或学术团体负责向他们授课。当然，神职人员，特别是辩论式神学的神学家，也会参与哲学讨论。不过，他们的社会阶层属性并不是他们接受上述教育或者参与学术讨论的必要条件，因为当时的伊斯兰社会显然为民间哲学家的涌现留出了充裕空间。但是，在拉丁西方则与之相反，教育体制已经完全被神职人员垄断。在西方，学习专业阅读和写作技能的唯一途径都掌握在各个主教与大教堂学校的校长手中，或者完全取决于本笃会修道院院长是否善心大发。正如我们曾经指出的，这种社会环境甚至对某些特定哲学问题的主题化产生了影响。像信仰与理性、神学与哲学之间的关系，对意志自由与宿命的质询，这些问题对于一个民间医生来说，远不如对一个虔诚又多思的修道院长那样具有重要意义。不过，其中也不乏修道院长希望“仅通过理性”发展自己的神学理论，因此，他们也可以被归类到哲学家的行列。

布哈拉、内沙布尔与萨拉戈萨之间的哲学

波斯医生与哲学家阿布·阿里·侯赛因·本·西那，拉丁语名为阿维森纳，是中世纪时期阿拉伯语学术

史的关键性人物。他的里程碑式哲学著作包含了数百部作品，其中还包括一部四卷本的百科全书型巨著《治疗论》(*Buch der Genesung*)，以及一部医学手册《医典》(*Kanon der Medizin*)。这些作品通过系统化的方式进一步发展了法拉比的学术思想，并由此完全融入由肯迪开创的“哲学希腊化”传统。与此同时，这一成果也是阿拉伯思想史上的一个重要转折点，因为阿维森纳通过他的思想体系为伊斯兰教提出的哲学解释，在此后的几个世纪得以广泛传播，以至于对世界哲学史的总体发展都产生了决定性影响(他的手稿据目前已知的就有几百份，而肯迪和法拉比都仅有几部作品被保存至今)。

关于阿维森纳的个人生平，我们主要通过他的自传获得信息。他于980年出生在布哈拉附近，作为波斯萨曼王朝的一位高级官员的儿子，接受的是古代亚历山大里亚式的多阶段教育。除了哲学和科学课程，他还学习过医学，然后作为一名医生被布哈拉的埃米尔雇佣，并被委以政治使命。999年，他开始了一段漫长的漂泊生涯，他陆续游历过卓章、雷伊和哈马丹，最终落脚伊斯法罕。阿维森纳在其自传中以自己的个人生活为例，不仅展示了一条哲学家的理想教育之路，而且还创建了一个具有普适性的认识论模式。他将自己描述成一个具有特殊科学洞察力（hads）的天才。正是这种洞察力将真正的科学家与其他人区分开来。这种能力有助于人们快速而准确地在科学论证之间建立联系，并且将一般性规律适用于具体情况。阿维森纳用亚里士多德式的语言表述如下：这是一种寻找三段论中间项的能力。这种能力来源于一种心理直觉，借助这种直觉，科学家可以和“主动理智”（即所有可以通过智力加以理解的万事万物）建立联系。为此，科学家不仅需要具备特别扎实的智力基础，还需要具备良好的身体素质。由于阿维森纳依据这些前提条件提出了自己对预言的解释，他的这套学说经常被简化为“神秘主义”。其实，他的思想具有明确的科学问题意识，有可能还包含了他对行医实践中关于医学征候学的思考。

阿维森纳关于“洞察力”的观点其实是一种理性主义人类学的表述，它将哲学实践看成是一种达到更高“完美”境界的途径，并将灵魂理解为人体内的一个独立的“自我”实体，就像舵手控制自己的航船那样控制着人的躯体。阿维森纳细致入微地分析了内在感官想象力的抽象思维过程，不过，他认为这在科学概念的产生过程中只起到了准备的作用，因为这个概念来源于灵魂与最底层的智力（主动理智）之间的接触。根据阿维森纳的观点，灵魂作为“自我”的实体属性是可以通过直观加以确定的，就像他提出的著名哲学实验“飞人实验”所展示的：假设有一个人在出生时即为成熟的人，飘浮在空中，不具备任何形式的感觉，在这种状态下，此人所表现出来的、通过“我是”方式表达出来的自我意识，就是直观可确定的“自我”。

阿维森纳将“必然性”和“可能性”之间的区别归因于形而上学基本概念的自明性。其中，“可能性”就是尘世的存在，也是一系列原因的发展结果，而这些原因又可以归因于“必然性”。从“必然性”中流溢出的包括“第一存在”，还有认识到自己是唯一可能的“第一理性”，以及被认为是“必然性”本身的“第一原因”，并通过这种方式启动了流溢进程。在第一原因中，只有融入上帝才能证明“必然性”的本质，也就是说，本质和存在只有与上帝在一起时才是不可分离的。“必然性”之所以必须存在，是因为除此之外，此刻不存在任何其他“可能性”。然后依据这三种领悟行为，产生出第二理性、一种天体灵魂和一个太初天体，此后按照相同的领悟过程，更远的天体分别流向“主动理智”，也就是最后的理性，世界万物的一切可理解形式与可感形式均由此产生。这种必然性的确定性同时也是从形而上学角度证明“上帝存在”的起点。根据阿维森纳的理论，形而上学的主题就是“存在”本身，上帝是进行论证的终极目标。形而上学并不是神学或者某种上帝的科学，而是本体论，即关于“存在”的科学。

由于阿维森纳具有鲜明的理性主义立场、广泛的科学兴趣，以及成功实现了百科全书知识的系统化，同时还由于他对宗教哲学问题的认真思考（他的《形而上学》不仅在哲学史上首次尝试论证“上帝存在”，而且还包含了关于预言、来世的奖励与惩罚、祈祷、斋戒、邪教和律法等问题的章节），因此毫不令人奇怪的是，关于伊斯兰教哲学优缺点的讨论恰好都因为阿维森纳的作品而呈现出两极分化的局面。由此产生的影响也因人而异。加扎里总体上都在反对他，批评他“毫无哲学家的条理性”。穆罕默德·沙赫拉斯塔尼说他是所有无神论“伊斯兰哲学家”中最危险的那个。与此相反的是，谢哈卜丁·苏赫拉瓦尔迪在他创立的“照明哲学”中，则试图进一步发展阿维森纳学说中的先知—智慧观点。12 世纪下半叶，《治疗论》和《医典》的大部分章节都已经被译为拉丁语，并在欧洲的经院哲学界受到广泛欢迎。

在阿维森纳时代的阿拉伯语世界，不仅在东方，而且在埃及和位于遥远西方的安达卢斯（阿拉伯人对西班牙的称呼），也有人在进行哲学探索。其中，值得一提的是巴士拉的阿布·阿里·艾尔–哈桑·伊本·海什木，他是一位杰出的科学家，著有一部几何与生理光学的标准手册，曾经在开罗的法蒂玛王朝宫廷任职。伊比利亚半岛哲学的真正繁荣期出现在一个世纪后，主要与文化名人阿威罗伊密不可分，后来又与迈蒙尼德有关。到了11世纪，有一位学者的作品在阿拉伯语世界的西部地区脱颖而出，他就是用阿拉伯语写作但并不信仰伊斯兰教的所罗门·本·耶胡达·伊本·卡毕罗（拉丁文名字是阿维斯布隆）。他于1020年生于马拉加，活跃于萨拉戈萨和瓦伦西亚之间，伊本·卡毕罗是西班牙当时繁荣的塞法迪犹太人社区的成员。不过，在他的代表作《生命泉》(*Quelle des Lebens*)中，除了书名（参见《圣经·诗篇》36:10）之外，他对自己的宗教传统只字未提。他完全放弃了引用《圣经》和塔木德的语录，完全依靠哲学理性进行论证。

这本书目前流传给我们的完整版只有1150年在托莱多完成的拉丁文译本，而希伯来文的译本只剩下残缺不全的内容，此书围绕着这样一个论点：整个世界（无论是理性意义上的世界，还是物理意义上的世界）都由三个要素组成，即物质、形式和意志。根据伊本·卡毕罗的说法，宇宙物质构成创造的基础，并通过其自身形式确定每个被创造物，使之具有个性化特征，而这种形式是由神的意志或者神的智慧发出的，类似光源的照射。在确定不同形式时，同时也确定了存在物在世界上的本体地位，同时也意味着对宇宙物质无限力量的某种限制。个体性意味着削弱宇宙力量的最高形式，与亚里士多德的“第一实体至上”观点正相反。伊本·卡毕罗接受了古代的新柏拉图主义理论，即逻辑共相与形而上学共相之间的矛盾是构成世界万物的存在基础，其中，前者是纯粹的潜在性质，而后者则在拥有无穷力量方面具有最高现实意义。

物质和形式的相互作用不仅体现在各种物质上，还体现在“精神的和简单的物质”上，它在上帝的纯粹统一性与物理自然状态的多样性之间发挥着中介作用。这些就是“智慧”和“灵魂”。伊本·卡毕罗在《生命泉》五卷本的第三卷中，论证了接受上述思想的必要性。这里再次体现出此书所具有的新柏拉图主义灵感：“太一”的产生理论明显可以追溯到普罗克洛斯以及相关论著《论原因》。这种回归在知识的一步步指引下，达到“对善行馈赠者的完全依赖”“人类的目标在于依附着至高无上的世界灵魂，从而让世间万物都回归到相同的境界”。

《生命泉》在犹太思想界几乎没有产生任何影响，这大概是其纯粹的哲学与非宗教立场造成的。与之相反的是，此书在13世纪到14世纪的某些拉丁神学流派（例如方济各会）中获得了认可，因为书中关于创世的包罗万象的“形式质料说”似乎验证着造物主的优越地位。

不过，艾布·哈米德·安萨里对其他哲学家（尤其是对阿维森纳）提出的尖锐批评仍然表明，在当时的伊斯兰世界，远没有建立起对哲学理性的普遍信任。虔诚而博学的安萨里在1058年生于图斯，于1111年在内沙布尔去世，是当年声势烜赫的伊斯兰法学家群体的典型代表。伊斯兰教的法律是以《古兰经》和圣训为基础建立起来的，其法律学者需要在宗教学校（madâris）接受教育，同时还要接受关于神学素养的培训。在内沙布尔的神学院，安萨里最初是一名学生，后来当上了教授（巴格达和内沙布尔）。安萨里受苏菲派精神的影响很大，同时还非常熟悉哲学领域的思想与方法，他的论文《哲学家的宗旨》（*Die Thesen der Philosophen*）也证明了这一点，他主要根据阿维森纳的作品对哲学家进行了系统的总结。这是12世纪唯一一篇被翻译成拉丁语的安萨里作品，由此也让他在拉丁人中获得了“阿维森纳忠实学生”的声誉。然而，现实情况却是完全相反的，因为在这篇论文发表之后不久，安萨里又发表了他的代表作《哲学家的矛盾》（*Die Inkohärenz der Philosophen*），他总结了同时期哲学界出现的各种错误，集中驳斥了 20 个哲学问题，其中有 3 个问题已经属于异端邪说了，即“世界是无始无终的”，“真主不认识殊相”，以及“否认肉体可复活”。在他的批评中，安萨里对“因果律”始终抱有怀疑态度，他一再重申逊尼派神学的典型宗旨，尤其是真主可直接发挥影响的偶因论思想。

西方世界的哲学与“反哲学”

拉丁欧洲并不是一个与阿拉伯世界隔绝的顽固堡垒。在边境地区，在西班牙和西西里岛，存在着各种人员交往、贸易以及多种语言的交流。拉丁神学家们始终对希腊语的东方世界兴趣盎然，如奥斯塔的安瑟尔谟为他的两部经典之作选择了充满希腊风格的书名：《独白》（*Monologion*）和《宣讲》（*Proslogion*）。当然，阿拉伯学术思想的优势地位也是毋庸置疑的，人们要么将其作为无用的“歪门邪道”全盘加以拒绝，要么试图通过钻研相关译本，对其进行深入研究。

实际上，早在10世纪和11世纪，拉丁学者就已经对翻译阿拉伯语文献产生了浓厚兴趣。热贝尔·奥里拉克（即教皇西尔维斯特二世）与赫尔曼修士都曾经发表过关于安达卢斯星盘构造的论文。这些论文与天文学和魔法学的相关文献一起流传至今。在萨莱诺的一所医学院，来自迦太基的本笃会修士君士坦丁那斯翻译了一些重要典籍，例如阿里·伊本·阿巴斯·玛古斯的《皇家医书》(*Pantegni*)，由此推动了一场医学理论的复兴。

大约在这个世纪中叶，爆发了一场借助哲学工具展开的神学讨论，其实早在两个世纪之前就曾经出现过这方面的讨论，爱留根纳也曾参与其中。这个问题就是探讨基督在圣餐中是否存在。图尔的贝伦加尔是当时一所大教堂学校的校长，他认为，如果代词“这”不是指某种特定的实体，即圣饼，那么基督所说的“这是我的身体”就失去了意义。因此，圣饼和酒原有的物质属性其实并无变化，只是额外增加了一种精神意义。由此虽然否定了基督身体在圣餐中的存在，但还是肯定了基督在圣礼中的真实存在，这一观点立刻激起了愤怒的风暴。当时最著名的神学代表人物之一，从1045年起担任贝克修道院副院长的帕维亚的兰弗朗克也对此发表看法，要求人们更应该遵从教父时期的神学传统，不应该对上帝的权力擅自推理论证。1059 年，贝伦加尔被迫宣布撤回他的观点。

针对贝伦加尔掀起的这场风暴——其中的论战者还包括列日的亚德尔曼、朗格勒的雨果和阿韦尔萨的癸特摩德——有力呼应了当时喧嚣一时的“反哲学”潮流。其中值得一提的至少还有这几位本笃会修士：圣埃米兰的奥特洛、拉韦纳的彼得·达米安以及隔了一代人之后的洛滕巴赫的曼尼戈德。1067 年，彼得·达米安在他的论文《论上帝的全能》（*Über die Allmacht Gottes*）中探讨了这样一个问题：上帝能否让一个失去童贞的女人恢复成处女，并且让发生过的一切不曾发生。他为此得出的结论是，上帝不会受制于哲学理性法则的束缚，任何人都不应该理睬那些质疑上帝全能的人，对这种人应该予以“唾弃”和“驱逐”。

就在兰弗朗克成功完成针对贝伦加尔的论战一年后（1060），奥斯塔的安瑟尔谟来到贝克修道院。归根结底，是兰弗朗克作为教师与辩证学家所拥有的声望，让他从勃艮第的阿尔卑斯山家乡来到诺曼底。安瑟尔谟从此定居在贝克修道院，并在这里逐渐步入事业巅峰（1063 年担任副院长，1079 年担任院长），1093 年接任兰弗朗克的职位，成为坎特伯雷大主教。1109 年，他在这所修道院去世。其中有些时间节点值得注意：安瑟尔谟于 1077 年发表了他的第一部理论著作《独白》，此时与彼得·达米安主张为了支持上帝的自由和全能而废除哲学理性已经隔了十年。如果将安瑟尔谟的《独白》视为对彼得·达米安的回答，那也许有些夸张了。但这篇论文的纲领性意图确实是主张“只能通过理性”（sola ratione）来思考上帝，这是针对本笃会内部愈演愈烈的反哲学潮流的一次有力回击。安瑟尔谟在其论文开头就描绘了一个与本笃会传统截然不同的场景：在修道院学校的课堂上，他要求学生们对上帝进行纯粹理性的反思，而不是一味求助于《圣经》的权威。

他在论文中设计出一个对手：此人压根不知道人们是如何看待上帝的，因为他既没有听说过上帝，也从不相信他。于是，现在每个人，无论是基督教信徒还是无神论者，都在努力追求自己认为是“善”的东西。其中，人们的假设前提是，世界上有很多东西或多或少都有其可取之处，而且人们对它们的追求程度也各不相同。因此，一个人可以根据更大或更小物品的具体尺度来安排自己的追求程度。关于“善”的普遍而真实的定义必定具备某种统一的理由。而这个理由就是处于这个尺度最顶端的“至高无上的善”，这种“至善”是一体的，凭借自身而存在，因此它也成为“至高无上的存在”。换言之，根据安瑟尔谟的观点，人类在日常行为体验中（追求主观上认为是善的东西）已经预设了一个价值观维度作为前提，而这个价值观维度又蕴含了一种价值衡量尺度，因此这也意味着最高的且具备合理依据的价值。“至高无上的存在”被证明是每次追求的隐含前提——并且“只能通过理性”。在这种情况下，安瑟尔谟恰如其分地提到了奥古斯丁。但是，在对经验的证据进行质疑时，他格外谨慎地表达了其可能性的前提条件。这种方法很明显完全符合“纯粹理性”的强制推导步骤，并由此体现出《独白》这部作品的哲学意图。

当然，安瑟尔谟知道如何论证自己的观点：通过拒绝人为设置的价值尺度，并始终以一个 summum bonum（至善）为前提，对“善”进行自下而上的排序，因为在进行定义时不能同时具备多个“至善”。安瑟尔谟为此给出的回答是，如果有人无法分辨出马比木头更善良、人比马更善良，那他“就不能被称为人”。在这里，对理性的毋庸置疑的信任展现出令人担忧的另一面：认识到理性的约束力，即构成人类这一物种的准则——疯子不是人，他只是表面上的人。对这部著作所做的“神学”解释，至今仍然可以应用于很多研究领域，但在当时确实让人很难接受。安瑟尔谟虽然曾经提及了一次奥古斯丁，并确保他的论证不应被视为“绝对”必要的，而是作为相反的证据时才能生效。但是，在这两种情况下，他显然是在进行某种预防性的自我保护：因为他尝试进行“只能通过理性”加以论证，并将其付诸实践。这篇论文的其他内容都在讨论“探寻”至高无上的存在所产生的后果。至高无上的存在不仅是起因，更是宇宙的第一原因。这个原因遵从的是理性，并且可以通过理性的话语“进行表述”。表述者与话语之间的关系可以被视为父子关系。从父与子的关系中就产生了爱。人作为理性的存在，其实是至高无上的存在的副本，因此注定要对神充满敬爱。在最后一章，安瑟尔谟结束了他的思考:“实际上,这个至高无上的存在应该被冠以‘上帝’这个名字。”

在两年后发表的名为《宣讲》的作品中，安瑟尔谟同样试图在一个“更扎实地”证明上帝的学术框架内，通过理性的方式展现三位一体。此次论证的出发点是将上帝定义为“不能设想比之更伟大（maius）的东西”，即使是那些拒绝承认上帝存在的人也不得不同意这一点。按照安瑟尔谟的观点，如果这个定义被认定是一致的，那么就不得不得出这样一个结论：获得如此定义的存在物是不可能被认为“不存在”的，因为如果有人认为这个存在物是“不存在”的，那么他就会立即意识到有某个被认为存在的存在物会比这个不存在物“更大”。要么一个人不去想“上帝”，要么去想“上帝”，并且根据他的定义去想他，那么这个人就已经把上帝的存在当作这种想法的一个前提条件。安瑟尔谟根据自己在《独白》中遵循的论证方法，进一步发展了上帝的特征，从而证明上帝的存在。这篇论文以一篇祈祷词开始，采用对上帝致辞的形式写成，与根据日常经验进行论述的《独白》不同，这篇论文目的在于通过理性来论证信仰的内容（“上帝”），并尽量使其通俗易懂（他的信条是“信仰寻求理解”）。

在安瑟尔谟的其他著作中，还有一篇《上帝何以化身为人？》（*Warum ist Gott Mensch geworden*）值得一提，安瑟尔谟用他全新的“补赎说”取代了古代教父的回答，即上帝希望通过牺牲自己的儿子，向撒旦“赎回”因亚当之罪而获得对人类的权利。但在他看来，亚当之罪实际上更应该被视为对上帝荣誉的一种侵犯，而这种侵犯的严重性是无法估量的，因此需要付出无法估量的牺牲，才能完成相应的补偿。而这种补偿只能通过上帝自己来实现。因此，为了恢复最初的秩序，上帝为人类牺牲了自己的儿子。安瑟尔谟在撰写这篇论文（1098）时，已经是权倾一时的坎特伯雷大主教，一位可以与国王争论和谈判的封建领主。赎罪、荣誉、补偿和等级秩序已经成为他所生活的封建社会的指导思想。他信仰的上帝已经具有宇宙帝王的特征，他主张的正义就意味着始终将秩序作为一种法律规范加以维护。在隔了一代人之后，彼得·阿伯拉尔提出一种观点：基督的受难应该被理解为上帝对人类的至高无上的大爱，是服从上帝的美德榜样。因为上帝的本质就是爱。随着阿伯拉尔的出现，市民社会的思想开始逐渐发出声音，本笃会在拉丁西方文化界占据的长达数世纪的垄断地位即将走到尽头。

第四章

拉丁世界的文艺复兴：12 世纪

Orientale lumen，意思是“东方之光”，这是中世纪的一句流行语，这个词不仅决定了中世纪教堂建筑的风格，还决定了当时知识分子的方向。安瑟尔谟为他的作品采用了东方风格的标题，西欧和拜占庭帝国之间日益增强的贸易关系，也促进了新一代精通希腊语的学者的涌现。在腓特烈一世的宫廷里住着神学家（霍瑙的雨果、维也纳的彼得），他们与拜占庭的同事进行着书信往来。帝国主教哈维堡的安塞姆在其《对话录》（*Anticimenon*）中描述了自己与同行尼科米底亚大主教尼基塔于 1136 年在拜占庭进行的神学讨论。其中有三位意大利学者参加了会议，有担任翻译的贝加莫的摩西，以及他的朋友威尼斯的雅各布和比萨的勃艮第奥。雅各布还曾经翻译过亚里士多德的重要作品（《工具论》《论灵魂》《物理学》和《形而上学》），勃艮第奥则曾经将希腊教父（金口约翰、大马士革的圣约翰、艾米萨的奈美修斯）以及盖伦的著作翻译成拉丁文。

尽管神学之光来自东方，但哲学的新思想却来自西方，确切地说是来自阿拉伯人治下的西班牙。

安达卢斯知识精英的繁荣与危机

在哲学思想领域，安达卢斯的发展比伊斯兰教东方慢一些，到12世纪才进入繁荣期。在这个世纪的前几十年，他们的哲学议题仍然充满了法拉比的新柏拉图主义思想特征：伊本·巴哲（拉丁名为阿文帕塞）来自萨拉戈萨，曾经在阿尔摩拉维德王朝的宫廷担任大臣，1138年去世。他在论文《论理智和人类的联系》（*Über die Verbindung des Intellekts mit dem Menschen*）中探讨了一个典型的法拉比式哲学主题：他将通往完美与幸福的智慧之路描述为对宇宙理性的逐步认识，为此需要通过哲学研究，实现一种神秘主义的世界观。在《索居指南》(*Über die Lebensführung des Einsamen*)一书中，针对哲学家在社会中的地位问题，他介绍了一种个人主义的解决方案。

同样，与古老的法拉比式国家和谐理想以及哲学指导思想保持距离的还有伊本·图菲利(拉丁名为阿布巴塞尔)，他是一位成功的医生，曾在格拉纳达、丹吉尔并最终在马拉喀什居住，于1185年去世，生前曾在阿尔摩哈德王朝的宫廷任职。在个人成长题材的哲学小说《觉民之子：哈义·本·叶格赞的故事》(*Der Lebende, der Sohn des Wachenden*)中，他描述了一个人智力发展的各个阶段，此人自幼在孤岛上独自生活，全靠动物喂养成人。在长大成年之后，此人便自然而然地发现了上帝及其属性，并最终意识到，即使是邻近岛屿的居民(一个穆斯林社区)也赞同他的想法，但这种想法并不是通过理性思考获得的，而是将其视为先知的权威信息加以信奉。伊本·图菲利试图通过他的小说表明，自然理性和宗教信仰是通往同一真理的两条道路，与两个讨论层次遥相呼应：一个是那些能够进行理性论证的人的讨论层次，另一个是那些被宗教修辞说服的民众的讨论层次。因此，他阐述了一种在当时西班牙穆斯林统治精英中非常常见的观点，由此也影响到了犹太人群体(参见下文的迈蒙尼德）。

这一思潮的重要代表人物是伊本·路世德（拉丁名为阿威罗伊），他出身于科尔多瓦的一个名门望族，同时身兼学者、法学家和医生等身份，经伊本·图菲利的介绍，他在自由派哈里发艾布·叶尔库白·优素福（1163—1184年在位）的宫廷效力了很长时间。伊本·路世德采用“法特瓦”（fatwa，意为“教法判例”）的形式阐述自己的信仰，这是一份关于“哲学与逻辑学研究能否被法律允许、禁止、推荐或强制推广”的法律鉴定报告[《关键的论文》（*Der entscheidende Traktat*）]。他擅长在《古兰经》中找到劝诫信徒三思的金句，并从中推导出哲学家需要承担的相应责任——当然指的是那些有能力探讨理性论点的人。对于《古兰经》的表述，哲学家应该确保在其显而易见时就认识到其中的真理；如果是隐喻式的表述方式，则应该通过解释，确保其晓畅明白；悬而未决的表述困境其实非常少。在论文《哲学家矛盾的矛盾》（*Die Inkohärenz der Inkohärenz*）中，阿威罗伊专门驳斥了安萨里，为哲学家们的立场进行辩护，他认为，对非宗教性的指控来源于人们对《古兰经》中容易引发争议的隐喻式语句所做的解读。

不过，对阿威罗伊来说，哲学指的并不是法拉比和阿维森纳的新柏拉图主义，而是亚里士多德的思想。阿威罗伊坚信亚里士多德的作品代表了自然理性发展的最高形式，因此对其进行了全面的分析性陈述。这一宏伟的研究项目获得了哈里发的支持，于是他针对《亚里士多德文集》做出大量各类评注（详细评论、释义和简要评论）。由于这些评注中有很多在早期就被翻译成拉丁语（约 1230—1235），因此阿威罗伊也成为亚里士多德学说进入西方世界的重要中间人之一。

阿威罗伊以亚里士多德的名义批评了阿维森纳的许多议题，但没有动摇后者在伊斯兰思想世界中的主导地位。事实上，阿威罗伊在拉丁世界的影响力远比他在中世纪的阿拉伯世界大得多。他拒绝了关于智能起源的"流溢主义"学说，但没有放弃"天体活性论"及其对地球产生影响的观点。他认为形而上学的对象应该是上帝以及分离的实体，因此，形而上学对他而言是一种哲学化的神学。在介绍亚里士多德的心理学思想时，阿威罗伊强调了认知的共相，其中，他假设概念可更新的个体（原动理智）与纯粹无限的认知可能性的个体（质料理智）之间是可以统一的，并将认知的意向性归结为想象力的一般化产物（可能理智）。科学的理智应该是一种可以保留并重新激活科学概念以及论证链条的能力。在特定情况下，通过逐步积累知识量，可以实现对原动理智的认同（获得的理智），这是精神上的极致幸福，也是自然理性的最高目标。

12 年后（1138），同样在科尔多瓦，出生了一位与阿威罗伊有很多共同点的重要人物：摩西·本·迈蒙（迈蒙尼德）。跟阿威罗伊一样，他也是一位德高望重的医生，对理性的科学方法推崇备至。同样跟阿威罗伊一样，他也很难接受经文中的大量拟人化表述以及诸多神职人员对字面含义做出的解释。他并非穆斯林，而是犹太人，因为忠诚于自己的信仰，他和家人不得不逃离了阿尔摩哈德王朝统治严苛的伊斯兰世界，选择定居开罗。他在开罗的犹太社区担任领袖长达 25 年，同时他还是一位职业医生，撰写过若干医学论文以及犹太教法方面的评论。迈蒙尼德的哲学代表作是《困惑者指南》（*Führer der Unschlüssigen*），他尝试在这本书中论证哲学与“妥拉”（Torah）犹太律法之间的和谐。两者之间在表面上的冲突其实源于对《圣经》的肤浅解读，一味拘泥于字面的含义，同时对隐含于“妥拉”的字面意义之下以及在犹太教传统中的深层次的形而上学和科学真理视而不见。根据迈蒙尼德的观点，正确解释犹太教才是真正的哲学，其中，哲学的概念与法拉比和阿维森纳诠释的亚里士多德学说基本一致。

例如，当《古兰经》宣称“真主已升上宝座”时，人们不应拘泥于文字表面的含义，对任何提问都视为异端（正如马立克·伊本·艾奈斯所做的，参见前文）。相反，“宝座”更彰显神的庄严，“升上”则彰显稳定性。妥拉律法中关于上帝的称谓只是描述了神的活动，而不是他的本性，否定神学是谈论上帝的最合理方式。如果将上帝视为第一原因，则可以清楚地证明存在、非实体性以及统一性，而从无到有的创世说只不过是一种假设，从哲学视角来看，这等同于世界永恒。按照迈蒙尼德的说法，亚里士多德学说将上帝定义为“思想中的思想”，这与上帝意志的全知与自由是一致的。受阿维森纳“逍遥派”学说的影响，迈蒙尼德赞同其宇宙观、关于理性的假设及其“流溢论”、天体活性论、哲学预言的自然性以及把认识上帝的进步过程当作快乐的理念。《困惑者指南》是古代犹太教哲学传统中的一次重要尝试，同时也并非毫无争议。阿拉伯语原文于 1204 年被翻译成希伯来语（译者为撒母耳·伊本·提波安），不久之后，又被翻译成拉丁语，因此迈蒙尼德也成为备受拉丁世界瞩目的学者。

在科尔多瓦，陆续涌现出像伊本·图菲利和阿威罗伊这样的阿拉伯哲学家，还有迈蒙尼德和约瑟夫·伊本·扎迪克［受伊本·卡毕罗影响很大，是新柏拉图风格作品《小宇宙》(*Mikrokosmos*) 的作者］等犹太学者，他们定居在这里，这座城市拥有各种各样的宏伟的图书馆、学校以及优秀的科学传统，是安达卢斯地区非凡学术成就的象征，同时这里也是宗教不宽容风险日益增多的反面实例。1148 年，严格信奉伊斯兰教的阿尔摩哈德王朝获胜后，这里的知识界氛围逐渐发生变化。犹太人开始陆续流亡海外，德高望重的阿威罗伊在他暮年之际也与当局发生过冲突。主流的伊斯兰正统派开始欢庆这一胜利，然而阿拉伯思想界的繁荣时代已宣告结束。

边境地区：翻译运动

托莱多距离科尔多瓦不到 350 千米，从 11 世纪末以来就一直掌控在基督徒的手里。但这里很少出现过什么杰出人物，不过，从 12 世纪中叶开始，托莱多的研究、翻译以及文化交流领域兴起了一场生机勃勃又持久的学术活动。来自欧洲各地的学者汇集到这座城市以及边境地区，作为翻译家活跃起来，其中有克雷莫纳的杰拉德、塞维利亚的约翰、阿文道特、多明尼库斯·贡狄萨利奴斯（又名冈萨洛）、卡林西亚的赫尔曼、切斯特的罗伯特、蒂沃利的普拉托、萨利谢尔的阿尔弗雷德。在当时民众的口口相传中，托莱多已经被视为神奇的科学文化重镇。这些翻译家的兴趣主要集中在古典时期和阿拉伯传统中的哲学、几何、算术、天文学和医学文献。在长达一个世纪的时间里，这些人几乎将一个完整的科学图书馆搬到了拉丁文化世界——欧几里得、托勒密、盖伦、萨比特、赫密斯派文献、阿维森纳、阿维斯布隆、阿威罗伊、阿尔巴塔尼、马沙阿拉·伊本·阿塔里、夏·宾·必沙（又名萨尔）、阿布·马夏尔。当然，正如上文所说的，其中有一些古希腊文献是在西班牙之外直接从希腊语翻译而来的［亚里士多德的部分著作，译者为威尼斯的雅各布；柏拉图的《斐多篇》（*Phaidon*）和《美诺篇》（*Menon*），译者为亨里克斯·阿里斯蒂皮斯］。不过从数量上看，从阿拉伯语翻译过来的文献格外多，这场翻译运动一直持续到13世纪的前25年。在托莱多居住过一段时间（1215/1217）的迈克尔·司各脱可能并不是唯一一位在这个世纪20年代致力于这一宏大项目的人，他将带有阿威罗伊注释的《亚里士多德文集》翻译过来，在很短时间内它成为欧洲大学授课的重要基础。

在拉丁人和阿拉伯人之间的伊比利亚边境，科学文献的需求和供给实现了相互满足，相互滋养。其中可以明显看出12世纪的拉丁世界在知识素养上实现了飞跃，甚至有很多历史学家将之视为一次“文艺复兴”，这种现象是依靠各类哲学与科学文献的海量供应实现的，但其中最重要的原因则是新兴市民阶层中的拉丁语读者所具有的巨大兴趣。翻译和传播这些文献的具体方式还有待逐项研究，为此离不开深入的专门研究。在此仅举一个事例。亚里士多德《天象论》（*Meteorologie*）在早期传播中的文献学重建过程，此书涉及化学实验主题的第四卷早在1050年就由亨里克斯·阿里斯蒂皮斯在西西里岛译出，但是在此后长达50年的时间里完全无人问津。直到这个世纪末，萨利谢尔的阿尔弗雷德才将此卷收入《气象学》（*Meteorologica*）资料汇编，并从英国流传开来。从这时候起，这部著作开始了一场势不可挡的快速传播历程，其中大约有上百部手抄本一直保存到今天。因此，仅仅翻译一部作品是不足以确保它流传于世的。翻译家与读者之间的关系显然从中发挥了关键作用。像柏拉图的《斐多篇》和《美诺篇》等重要文献也是如此，这些著作同样是在西西里岛被翻译出来的，但是直到彼特拉克发现它们之前，几乎没有人阅读过。

另一个边境地区位于东方，那里的人们致力于研究和评注古希腊的哲学典籍。大约在11世纪中叶(1045)，君士坦丁堡大学进行全面重组，修道士米海尔·普塞路斯被授予“首席哲学家”的头衔。根据当时的传统，哲学研究的基础仍然是亚里士多德的逻辑学，普塞路斯对此进行了深入的研究。他将自然界视为一种让造物主释放“能量”的动态力量；从形而上学的视角看，他代表了一种柏拉图哲学的解读方式，其中明显受普罗克洛斯的影响。普塞路斯宣称，他的研究目的在于证明柏拉图的思想在很大程度上与基督教思想具有一致性，同时，亚里士多德学说的部分内容也可以用于证明这一目的。正如第二位“首席哲学家”约翰·伊塔卢斯撰写的注释所表明的，普塞路斯在君士坦丁堡大学的继任者仍然在致力于研究亚里士多德的逻辑学。不过，在当时的主流宗教界，希望哲学传统有所变化的要求日益增多。因此，伊塔卢斯的弟子尼西亚的尤斯特拉修斯在其作品《〈尼各马可伦理学〉注释》(*Kommentar zur Nikomachischen Ethik*)中，着重强调了柏拉图和亚里士多德之间的分歧，而墨托涅的尼古拉斯则写了一本《批驳普罗克洛斯的神学要义》(*Widerlegung der Theologischen Elemente des Proklos*)，坚持认为基督教思想与新柏拉图哲学的根本不相容性。这些讨论经常会导致当事人被定罪和被开除教籍。然而，在这些人中，只有尤斯特拉修斯找到了通往西方的道路。他的注释与以弗所的米海尔为其他章节写的注释在 14 世纪中期同时被翻译成拉丁语。

法国的学校

一个新兴的城市化社会以及一个伴随教会和国家崛起的官僚集团都要求具备专业知识的人才，更高效的教育体系以及素质更高、更系统化的理性氛围。培养精英的机构已经不再是修道院和大教堂学校那种传授古代神学知识的基地，而是“学校”（schola）：由教师以及为功课付费的学生们组成的机构。这种学校也可以和某个大教堂合作办学，但原则上它就像教师这门职业一样，随时可以自由流动，学校的存在将取决于自身的成败。于是，此类学校开始在欧洲各个城市遍地开花，如博洛尼亚、萨莱诺、蒙彼利埃、伦敦、牛津、普瓦捷。在法国北部，新式学校与体制健全的旧式大教堂学校之间的合作比其他任何地方都密切，这里的学校分布尤其密集。在沙特尔、兰斯、列日、拉昂、特鲁瓦，尤其是在巴黎，都成立了这种学校。入门课程仍然沿袭着马蒂亚努斯·卡佩拉的教学传统：文法、逻辑、修辞（“三科”），算术、几何、天文和音乐（“四艺”）。完成这些课程之后还有专业化的培训：法学、医学或神学，其中，有些城市还凭借一门或几门传统优势学科赢得了跨区域的声誉，例如博洛尼亚的法学，或者萨莱诺和蒙彼利埃的医学。到了13世纪，作为这些学校的联合体，大学应运而生。

在著名的彼得·阿伯拉尔身上，充分显示出新兴城市知识分子推陈出新的新气象。阿伯拉尔1079年生于布列塔尼的一个低阶贵族家庭。他既没有选择武装骑士的世俗职业道路，也没有选择常规宗教生活的知识分子道路，而是从一所学校到另一所学校进行游学，先是学习哲学，后来又进修过神学。他跟贡比涅的洛色林学习了逻辑学，在此后的几年里，他在巴黎跟随知名学者香浦的威廉学习。早在1108至1110年间，他就创办了自己的学校，他的课程非常具有创新性，完全以亚里士多德的逻辑学为中心进行教学，从而赢得了大量听众，也因此与因循守旧的教育界同行发生激烈冲突，其中最著名的就是他与香浦的威廉展开的论战。后者主张对“共相”做出实在论的解释，例如，我们之所以认同两个人是“人类”，是因为他们“实际上”具备人类的特征，因此可以说人类是“真实的”存在物。阿伯拉尔对此提出了批评：这种学说把单一事物看成是个体与共相部分组成的无法解释的集合体。根据阿伯拉尔的观点，个体和共相之间的关系更应该从语义学视角加以解释：在现实中，只有个体事物才是独立存在的实体，而共相（例如人类等）只是表述个体的名词，因为共相是根据理性分类得出的抽象“特征”，仍然需要归于个体。这种“状态”也许来源于造物主创世的秩序原则，但并不具备任何超越个体“真实性”的前提条件（唯名论）。

作为巴黎的一位成功导师，阿伯拉尔与天资聪颖的女学生爱洛伊斯有过一段爱情故事。爱洛伊斯为他生了一个孩子，并且两人选择了秘密结婚，因为在当时作为已婚者是无法继续担任教授的，后来阿伯拉尔被有权有势的爱洛伊斯家族派遣仆人秘密阉割。于是，爱洛伊斯进了修道院，他自己则成为一名修士。除了在私生活中历尽波折，他还受到以克莱尔沃的圣伯纳德为首的保守派教会领袖的公开迫害。因为阿伯拉尔将辩证法应用于神学问题，这在当时被视为大逆不道，他的论文在主教会议上受到了严格审查和谴责（1121 年的苏瓦松主教会议，1140 年的桑斯主教会议）。他于 1142 年去世。

我们不能像本笃会的古老传统那样，仅从阿伯拉尔学生的叙述中了解他波澜起伏的人生经历，我们应该通过他的自传《我的苦难史》(*Leidensgeschichte*) 认识他。这部自传也是一部充满创新的作品。同样创新的还有他的逻辑学作品《论辩证法》(*Dialektik*)、对亚里士多德作品注释以及道德哲学作品《伦理学，或认识你自己》(*Ethik oder Erkenne dich selbst*)，在这些著作中，他把行为主体的意图视为评判道德行为的唯一标准，同时由于秉承淳朴的理性主义哲学启蒙思想，他对其他宗教保持着开放包容的态度，如《哲学家、犹太人和基督徒之间的对话》(*Dialog zwischen einem Philosophen, einem Juden und einem Christen*)。除此之外，阿伯拉尔对神学研究的贡献也颇具创新性。虽然当时神学的主要目的是确保基督教的正宗思想流传下去（拉昂的安瑟尔谟、彼得·伦巴德、默伦的罗伯特），因此人们格外注重收集大量基督教教父的格言和权威资料，而他在作品《是与否》(*Ja und nein*) 中展示了传统研究方法的艰难处境，并在神学领域作品《论圣三一》(*Theologia Summi boni*)、《基督教神学》(*Christiana*) 与《神学导论》(*Scholarium*) 中阐述了逻辑分析的必然性。

随着阿伯拉尔提出的意图伦理学，以及他将“道成肉身”解释为上帝表达的一种神圣之爱，也为新兴的城市文化提供了一种理性选择，用于取代日渐陈腐的封建理念，例如上帝审判、悔罪规则书和代罪满足说。拉丁原教旨主义者对此做出的反应与伊斯兰世界的同行如出一辙。曾学习过辩证法的圣蒂埃里的威廉与密友克莱尔沃的圣伯纳德同属熙笃会[1]隐修院，在与哲学创新者的斗争中，他表现得尤为突出。他和朋友同样都对任何形式的科学好奇心深恶痛绝。两人都高调宣扬“内省哲学”的宗教理念，其中包括主张“认识耶稣，即钉在十字架上的耶稣”（忏悔者圣马克西穆斯的古典思想），他们的主要目的在于通过逃离世俗世界，去赢得上帝的垂爱，实现神秘默观。圣伯纳德的神秘主义道路显然与对抗其他宗教的武装斗争结合在一起（他全力支持圣殿骑士团的成立，并于 1146 年鼓动十字军东征），同时对异见人士大肆告发检举。于是，阿伯拉尔被指控为异端，因此被判处禁言。同时，其他抱有“好奇心”的人也被纳入监视范围，例如科学家孔什的威廉就是其中之一，他曾于 1144 至 1149 年在诺曼底公爵若弗鲁瓦五世的宫廷效力，担任过公爵之子亨利的老师。

---

① 熙笃会（Cistercians），罗马天主教的一种修会，又译“西多会”，1098 年在法国创建，主张实行严格的基督徒清规戒律，倡导清贫的生活方式，思想保守而虔诚，该教派从 15 世纪起逐渐走向衰微。——译注

孔什的威廉也许是这个教师群体中最杰出的一员——该群体在历史文献中经常被称为“沙特尔学派”，其成员包括：沙特尔的伯纳德、沙特尔的蒂埃里、阿拉斯的克拉恩鲍德、伯纳德·西尔维斯特里斯、索尔兹伯里的约翰。尽管有人质疑过他们是否都在沙特尔教过书，但他们之间有着共同关注的阅读范围、哲学问题以及学术研究兴趣。他们都高度重视古希腊和古罗马文献的教育价值，例如索尔兹伯里的约翰著有《恩塞提克》(*Entheticus*)、《元逻辑》(*Metalogicon*)，他们都将古典文学作品中的隐喻视为完整传递的真理(integumentum)，并将柏拉图的宇宙观和物理学当作修正《圣经》中不严谨的宇宙观内容的备选理论，如蒂埃里的《论创世的六部作品》(*Über die sechs Werke der Schöpfung*)、伯纳德的《宇宙学》(*Cosmographie*)。

威廉有一部名为《世界哲学》(*Philosophie*)的作品引起了虔诚的熙笃会信徒的警觉。其中他所说的“哲学”并不是指神秘主义所指的“认识耶稣”，而是指通过理性的方式“认识无形的和有形的事物”，包括全面认识上帝、世界灵魂、恶魔、世界起源、元素理论、天文学、地理学、气象学、解剖学以及医学。“被创造的自然”，其实也是他这部著作的核心思想，被描述为一个受可探索理性法则支配的各种现象组成的有机复合体。这个复合体由一种统一的内在规则推动和掌控：世界灵魂。威廉主张的方法论原则是“凡事皆需一探究竟”。例如，他在进行理性分析之后，否认苍穹之上有水的存在，也否认上帝用亚当的肋骨创造了第一个女人。后来，由于受到圣蒂埃里的威廉和圣伯纳德的抨击，他被迫收回了一些观点，他在《自然哲学对话》（*Dragmaticon*）一书中，通过“公爵”与“哲学家”进行对话的形式，重新表述了这些看法。不过，即使是在这部作品中，他仍然忠实于自己在早期作品《世界哲学》中表述过的内容与方法。

威廉并不是唯一一个对“创世说”进行理性解释的人。沙特尔的蒂埃里就将六天创世纪的各个阶段解释为由上帝自行发起的创世进程的自然节点，并且遵循内部的法则逐步演变。蒂埃里和克拉恩鲍德还尝试运用数学模型来分析宇宙的结构。几十年后，几何方法特有的魅力再次激发了人们对神学系统进行“公理化”的尝试。其中值得一提的著作包括里尔的阿兰的《论神学公理》（*Regeln der Theologie*）和亚眠的尼古拉斯的《基督教信仰的艺术》（*Kunst des christlichen Glaubens*）。不过，相比之下，孔什的威廉宣告的绝不仅是一种充满未来前景的科学好奇心。随着他的出现，一类新型知识分子登上了中世纪西方哲学界的历史舞台，这是一种过去只在伊斯兰世界出现过的文化巨匠，一种可以在宫廷世界大展身手的科学家。如今，这样的人物将越来越频繁地出现在欧洲贵族的官邸，他们是日渐崛起的世俗贵族阶层的世俗利益的思想捍卫者。

圣伯纳德与圣蒂埃里的威廉针对巴黎的辩证学家阿伯拉尔以及诺曼宫廷的科学家威廉大加攻击，因为后者都属于颇具象征意义的文化名人。他们还希望彻底清除新思想，不断地开辟第三条战线，并且向当时声名显赫的教师普瓦捷的吉尔伯特挑起论战。吉尔伯特曾在沙特尔和拉昂学习，后来又在沙特尔和巴黎教书，并且在 1142 年被选为普瓦捷主教。在代表作《波爱修斯〈七公理论〉注释》（*Kommentar zu Boethius' De hebdomadibus*）中，他展现出很精湛的辩证分析能力，其中阐述的形而上学信念与他在沙特尔讲授的柏拉图哲学理论密切相关。他根据共相与个体的意义（例如“人类”和“人”），通过波爱修斯的理论解释了“存在”（esse）和“是这个”（id，quod est）之间的区别，并且在这种形式的基本功能中，洞悉了至关重要的现实意义（“实体”）。真正存在的应该首先是事物的共相与形式，从另一角度来看，这也体现了上帝的存在模式。吉尔伯特试图通过上述区别对三位一体学说加以解释（“神性”“上帝”），但是，1148 年的兰斯主教会议还是拒绝了这种学说。不过吉尔伯特本人并没有被定罪。

还有一位学者，虽然不是圣伯纳德的党羽，却在巴黎圣维克多学校担任了几十年的校长，即圣维克多的雨果。这所由香浦的威廉创建于 1108 年的教会学校，在雨果（1113 年进入该校，去世于 1141 年）的努力下，凭借教会的训导权以及他的出色工作成果，成为这个世纪欧洲文化界最重要的教育机构之一。按照雨果的观点，学校的教学计划应该以正确理解《圣经》为目标。智识上的进步应该通过“读书与冥想”实现。在课程内容方面，他采用新型的系统化方式制订了一个全面计划，其中不仅包括“理论”“实践”和“逻辑”，还包括手工业领域的“机械七艺”技术课程。这些学科的综合性设置也体现在雨果的作品《知识论》（*Didascalicon*）中，对他而言，“哲学”的原始含义应该意味着“智慧之爱”。在对《圣经》撰写注释（特别是对《旧约》做的评注）时，首先需要在史学上加以解释，由此他开始关注救赎历史与世俗历史中的象征性内容，于是，对历史的反思也顺理成章地成为上帝的作品。其中，多伊茨的鲁珀特、赖谢斯贝格的格霍赫、福莱辛的奥托都曾钻研这一领域，并由此产生了菲奥里的约阿希姆提出的“千年历史”分析理论。在《基督教圣事论》（*Über die Sakramente*）这部集大成作品中，雨果对这一主题进行了系统化的研究，后来也受到广泛的关注。他的灵修类论文仍然沿袭着奥古斯丁主义的传统，这些论文主张通过个人的内省冥想，实现自我完善的灵修之路。保存至今的相关手稿有300多份，其中包括《论灵魂抵押》（*Über das Pfand der Seele*）。雨果还深入研究过关于《狄氏文集》的文献［《天阶体系注释》（*Kommentar zur himmlischen Hierarchie*）］。雨果这种注重灵修与感觉的神学思想被圣维克多的理查德进一步发展［《玄思的恩典》（*Der große Benjamin*）和《灵魂玄思之先导》（*Der kleine Benjamin*）］。从1134年起，彼得·伦巴德开始在圣维克多学校学习，他成功地系统收集了教父神学系统的各种思想［《箴言四书》（*Libri IV Sententiarum*）］。

这个世纪过去一半之后不久，那一代伟大的创新者逐渐与世长辞。此后，学校的运营沦为一味地模仿先辈以及做些琐碎的工作。人们着重研究和深化神学语言的特殊性，尽量做些力所能及的区分，以避免谬误流传，同时开始关注一个核心问题：对上帝的表述，人们是应该从单义（univok）的角度，还是从比喻（übertragen）的角度加以理解，这种比喻的运行规则应该是什么。其中在最后一个研究领域内，受普瓦捷的吉尔伯特思想影响颇深的教师包括图尔奈的西蒙和里尔的阿兰，还有克雷莫纳的普雷波斯替和斯蒂芬·兰顿。彼得·伦巴德此时发表的作品语言逻辑性越来越弱，愈加倾向于维护教父哲学的理论权威性，他的著作到 13 世纪已经成为各个神学院校的必读书。

在 12 世纪，人们曾经尝试过多种哲学模式。其中之一就是以沙特尔学派"四艺"为核心的"探索无形的和有形的事物"，为此经常引用柏拉图的《蒂迈欧篇》和马克拉比的理论。另一个哲学模式则是以亚里士多德"三段论法"为基础的辩证法思想，以及阿伯拉尔和吉尔伯特的推理辨别艺术。还有圣维克多学派主张的比较传统的"智慧之爱"，与古典时期的思想主题非常接近。修士们对这种"让人刨根问底的问题无处不在"的好奇心做出了反应：哲学应该是"关于钉在十字架上的耶稣的知识"。拜占庭在此期间的情况也非常相似，那里仍然在精心维护柏拉图和亚里士多德的古希腊哲学遗产，但与此同时，这种"外来的哲学"与"本土哲学"（philosophìa kath' hemâs，即神学）形成了鲜明对比。

根据犹太神学家和卡巴拉主义[1]者沃姆斯的艾力沙的观点，“哲学家”应该是一位精通神秘学天机的智者。在这些哲学模式的理念中，“哲学”一词变得越来越生动具体。

① 卡巴拉主义（Kabbala），又称“希伯来神秘哲学”，是一种早在基督教产生之前就已经在古代犹太教内部形成的神秘主义学说，与正统的犹太教教义有较大区别，侧重思考神性本质、创造、灵魂起源和命运。——译注

第五章

拉丁文明与其他文明的知识：13 世纪

到了 13 世纪，哲学界的面貌发生了颠覆性的变化。在仅仅几十年的时间里，像萨莱诺、沙特尔、拉昂、默伦和兰斯这些历史悠久的传统文化重镇就失去了各自的重要地位，而牛津、帕多瓦和图卢兹等新兴文化中心则越来越引人注目，博洛尼亚、蒙彼利埃和巴黎则早已崛起成为国际知名城市。不过，最关键的变化还是发生在东西方之间的文化力量对比上，阿拉伯人失去了他们几个世纪以来牢牢占据的主导地位。哲学和科学领域的重心从阿拉伯世界转移到了拉丁世界。伊斯兰教神学家的攻击性削弱了“阿拉伯哲学”（falsafa）的理性主义立场。

由于哲学家们始终未能建立起稳定的制度框架，因此不得不一直依赖于历代君主的恩宠。而西方则完全相反，基督教原教旨主义者未能抵御来自城市学校的理性主义的强大推动力。市民社会需要公证人、医生、律师、药剂师以及作家。而公证人、抄写员和秘书也离不开日益扩充的教会官僚体制。主教和教皇都保持了温和的立场，亲自担任新兴大学的机构担保人，并同意大学的学位可以作为进入教会任职的资质，从而促进了大学的不断发展。

大学里的哲学研究

在这个世纪的前 25 年，拉丁欧洲的知识传播方式实现了全面重组，既改变了学校的组织机构和教学内容，也对哲学研究领域产生了深远的影响。通过学校之间的院系合并，产生了一个更为强大高效的教育组织，并且凭借自主制定的章程，全面实现了内部运作的自我管理。其中有四类院系很快完成了合并，即文科（Artes）、医学、法律和神学。这种院系复合体形成的就是一所大学（Studium），并且依据巴黎或博洛尼亚的大学传统，由学生或教授选出一位校长负责管理。各个跨地区大学可以享有某些特权——多数都是罗马教廷授予的，后者对大学的学位予以全面认可。

虽然这种教育组织仍然建立在学生和教授之间的私人契约基础之上，但它现在的目标已经是确保传播高端学术知识的制度连续性，这是前所未见的新现象。大学的合并同样对教师行业产生了重要影响，这表现在历史上首次形成一个定义明确的知识分子社会群体，他们的收入来源于教师这门职业。这其中也关系到哲学，在制度化的体系内，哲学成为“文科”院系的一部分，由此意味着：哲学终于独立成为一门职业。

哲学研究通常都被集中在文科学院开展工作。文科学院还承担着预科教育的职能，学生可以在这里学到将来在其他学院所需的基础知识，尤其是语法、辩证法和自然科学知识。学院名称中的“Artes”一词就来自中世纪盛期的古典主义“自由学艺”（Artes liberales）传统。不过，由于采用了新式的文献和教材，教学课程早已实现了革新。在13世纪的前几十年，人们对亚里士多德的“自然科学著作”（libri naturales）的兴趣愈加浓厚（尤其是医学界），凭借其翔实的细节以及在方法论上的严谨性，这些著作被人们当作世俗知识的案头书，奉为圭臬。13世纪40年代的相关文件也记录了教学科目发生的变革，尤其是在“四艺”方面。在“三科”中，人们还在阅读凯撒利亚的普里希安和多纳图斯的著作《语法学》(*Grammatik*)、西塞罗的《论题术》(*De inventione*，属于修辞学）和亚里士多德的逻辑著作《工具论》；“四艺”科目的作者包括托勒密（天文学)、欧几里得（几何学）和波伊修斯（算术、音乐)，还有亚里士多德的自然科学著作。在进行教学时，教授将当众朗读这些作品，同时伴以解释（lectio，即授课)，然后针对由此产生的问题，定期与学生展开相应的讨论（disputatio，即辩论)。新引入的亚里士多德著作成为教学活动的核心议题，这也意味着将释放巨大的研究潜力。

与此同时，神学家也需要学习自然科学知识，尤其是在诠释《圣经》的时候。但对当时的大多数神职人员来说，有老普林尼和伊西多尔写的自然学经典之作就已经足够了，他们对那些异教书籍的流行热潮倍感怀疑，因为这些传递科学角度的世界观的著作是在没有《旧约》中的上帝，也没有任何上帝启示的情况下诞生的。在巴黎，哲学是神学的预科教育课程，“亚里士多德自然哲学”方面的书籍曾被多次查禁。在没有设立神学院的博洛尼亚大学以及科学传统更鲜明的牛津大学，这种问题就相对较少。为了招收更多的学生，新成立的大学

（例如1229年成立的图卢兹大学）普遍同意师生们自由学习亚里士多德的著作。不过，亚里士多德作品的流行并非孤立现象。与他同时畅销的还有阿维森纳、阿维斯布隆、阿威罗伊的作品，以及其他无数来源相似的科学与哲学名著。“哲学家”在拉丁世界势不可挡的崛起，同时也意味着古典主义思想的回归以及与伊斯兰教之间的依附关系。

哲学风景线：巴黎

如果需要对所有具备哲学生活要素的地区和中心城市进行浏览的话，那首先应该从巴黎开始。正如博洛尼亚对法学研究的吸引力一样，巴黎是吸引哲学和神学研究的磁石。来自整个拉丁世界的学生和教授都汇集到巴黎，然后再从这里对外传播新思想和最新的讨论话题。同时，巴黎也是文化冲突格外激烈的主战场。1210年，一个省主教会议下令焚烧迪南的大卫的著作，因为这位精通希腊语的医生受亚里士多德思想的影响很大，同时禁止阅读亚里士多德的自然哲学作品。1215年，教皇使节红衣主教罗伯特·德·库尔松重新续签了这份禁令。1231年，巴黎主教奥弗涅的威廉设立了一个专门的委员会，对这些思想进行“净化”。尽管存在神学界的激烈反对，人们对亚里士多德的阅读热情却有增无减，到1240年，巴黎哲学院的课程实际上已经打上了深深的亚里士多德思想的烙印，1255年颁布的学院章程则正式承认了这一现实。

哲学院深入研究语法学和亚里士多德的逻辑学，目的在于培养学生们的论证与辩证能力，其中尤其关注在讨论中出现的谬误问题。因此，在整个13世纪的上半叶，人们除了沿袭亚里士多德在《辩谬篇》（*Sophistischen Trugschlüsse*）中确立的传统型教学，还开始深入研究语词的语义哲学（proprietates terminorum）。例如通过对假设情况进行分析，区分同一术语在不同语境中所具有的不同含义［例如，homo currit（奔跑的人），homo est animal（人是一种动物），homo est nomen（人是一个名字）］，同时，通过“语义扩展”（ampliatio），还可以探索语词延伸到过去和未来语境下的指涉含义。在巴黎的这一研究领域，拉格尼的兰伯特和彼得·伊斯帕努斯教授（可能与后来的教皇约翰二十一世是同一个人）做出了重要贡献。与牛津同一领域的学术发展（舍伍德的威廉）相比，巴黎学派似乎格外看重“语义扩展”的研究方式。在这个世纪的下半叶，巴黎逐渐形成一个语义研究学派，名为“思辨语法学派”，其主要代表包括斯堪的纳维亚人约翰内斯、达齐亚的马丁和达齐亚的波埃修，以及后期的拉杜尔弗斯·布里托。他们在语法学上（与传统的教学语法的区别在于）比较注重研究语言的一般性结构和语言要素的表意方式（modi significandi）。根据该学派的观点，这种表意方式与相应的存在方式（modi essendi）和认知方式（mod intelligendi）都是相辅相成的。因此该学派也被称为“摩迪斯泰学派”（Modisten），这派学者一致认为，拉丁语已经具备“自然语言”的特征。

虽然人们在发展成熟的逻辑学艺术中探寻着超越亚里士多德的新路，但他的形而上学与自然科学著作仍然是众人认真研读的经典，并且离不开系统化的相关文献——包括针对具体议题写的评注。各所大学曾经涌现出一批此类作品，涉及领域非常广泛，部分作品是匿名作者所写，而且普遍都没有正式出版，只是作为各个哲学院系的教师作品私下流传，其中有些作者比较知名，有些则完全不知名。知名的作者数量并不少，例如在这个世纪下半叶就包括巴黎的尼科拉、奥尔良的埃吉迪乌斯、兰斯的阿尔贝里希和布鲁塞尔的亨利，对于这些作者中的大多数人，如今已经很难找到详细的生平资料。

布拉班特的西格尔和达齐亚的波埃修已经算是其中被研究得比较透彻的学者了。

通过布拉班特的西格尔保存至今的著作清单，可以看出他对教授这门职业的理解。他的大部分作品都是为亚里士多德著作写的注释，包括逻辑学、自然科学和形而上学。他特别专注于研究亚里士多德《论灵魂》的第三卷，曾经两次全面研究这一卷。在 1265 年前后撰写的《形而上学问题》一书中，他提出一种观点：世界上不仅存在一个独一无二的主动理智，而且对全人类来说，它也是独一无二的可能的理智，其中，在个体层面开展的认证过程，其实是个体通过感官对一般性图像的感知过程（phantasmata，即“心象”）。于是，主动理智作为“认识的共相”唯一来源的观点与古典时期的奥古斯丁主义认为“上帝是真理确定性与可知性的根基”的观点是一致的，这种理念在当时被广泛接受。不过，“可能理智”的独一性却被大多数人拒绝，因为它质疑智慧灵魂的独立性，从而质疑了个体救赎在神学上的可能性。西格尔将这一理论与阿威罗伊的名字联系在一起，并且在进行论证时，强调这一概念作为显而易见的经验所具有的“主体间性”。与哲学界比邻而居的神学院人士马上对此做出回应。当时最著名的方济各会修士波纳文图拉在公开演讲中抨击这体现了“哲学家的盲目性”，而多明我会的明星人物托马斯·阿奎那则奋笔疾书，写出一篇驳斥阿威罗伊主义者的文章《论独一理智》（*Über die Einheit des Intellekts*）。1270 年，这一学说被明令禁止。三年后，西格尔再次为阿威罗伊主义的认识论进行辩护，写成了《论理智的灵魂》（*Über die intellektuelle Seele*），但这次他以谨慎的方式将其视为“哲学之路”，并且（仅）作为对亚里士多德思想的合理解释。同样，在关于世界永恒性的问题上，他也保持了这种谨慎态度：即使相信上帝话语的权威性——世界是有始有终的，也应该在亚里士多德的认识论范围内予以肯定。作为一名独立自主从业的哲学教授，西格尔只是维护了自己应有的权利和义务，并且表达了双重含义，即向学生传播最新的学术观点，并探索当前有争议的问题，在他的研究领域内，这些问题主要都围绕着对《亚里士多德文集》的解读。学院的团队精神要求实现学术自由，教授们将自己的职业赋予使命感，实现一种完全依从理性指导的“哲学生活”的古老理想。达齐亚的波埃修在《论至善或哲学家的生活》（*Über das höchste Gut oder Das Philosophenleben*）一书中阐述了这一观点。

随着这群知识分子开展的理性主义研究，古典学术体系所具有的自洽性特征也开始触碰到当时某些危险的边界。罗伯特·格罗斯泰斯特翻译的亚里士多德《尼各马可伦理学》完整版于1246年左右从牛津流传出来，其中还带有尤斯特拉修斯和以弗所的米海尔所写的注释，这部著作进一步表明，即使在没有任何神学基础的情况下，也可以存在一个逻辑自洽的伦理学体系。虽然这些哲学教授并不想质疑宗教信仰的教义，但他们不知疲倦的学术研究确实证明了对世界与人类进行全面哲学解释的可能性，而这实际上已经对基督教的解释方式构成了某种竞争。

当时的神学家以及教会官僚集团对此忧心忡忡，也并非毫无道理。这些矛盾终于在1277年全面爆发。巴黎主教埃蒂安·唐皮耶（巴黎大学就位于他的辖区内）发表了一份列举有219个命题的目录，大部分都摘录自哲学院流传的书籍。这份清单混杂有神学性质的陈述（关于上帝的知识和意志的性质，关于上帝的全能性与可认知性等），具有道德含义的句子（灵魂不朽论、自由与命运、来世的奖与惩），还有来自阿拉伯世界的宇宙观（理智学说、流溢说）。同时，他还谴责了哲学研究活动的独立自主性，以及将其推崇为一种生活方式的相关表述。如果有人传播清单上的任何一句话，都会遭受开除教籍的惩罚。在巴黎这个敏感之地，哲学在西方世界的漫长征程暂时遇到了挫折。

针对新兴哲学作品的审查工作，一直伴随着巴黎神学在整个世纪的发展。然而，在这个世纪最初几十年里，仍然有一些总体上依托于教父神学思想的“大全”式作品问世，例如欧塞尔的威廉写的《箴言四书金句大全》(*Goldene Summe über die IV Bücher der Sentenzen*)，或者主教法官菲利普的《论善大全》(*Summa de bono*)。其实早在13世纪30年代，神学家们就已经开始从分类学的视角如“力量与行为、物质与形式、行为人与可能的理性、存在与本质”方面研究亚里士多德及其注释家阿威罗伊和阿维森纳的作品。这些都算不上纯粹的亚里士多德主义思想，因为阿维斯布隆提出的“形式质料说”在当时也享有巨大的权威性。另外，在此时期的《亚里士多德文集》中，还包含了完全出自柏拉图主义思想的作品：例如，人们曾经普遍将《论原因》(*Liber de causis*)视为亚里士多德形而上学的巅峰之作，但实际上这是普罗克洛斯的作品大纲。在巴黎主教奥弗涅的威廉撰写的《神学或哲学教程》(*Göttlichen Lehre*)中，已经可以观察到神学界逐步向哲学文献开放的迹象。不过，这场运动的先驱首先是新兴的托钵修会（Mendikantenorden）[①]神学家。

无论是1219年在博洛尼亚成为多明我会修士的医生兼哲学教师克雷莫纳的罗兰（从1229年起在巴黎担任教授），还是1236年才加入方济各会的神学博士哈勒斯的亚历山大，都一致认为，在他们开展的研究中，哲学的概念工具起到了至关重要的辅助作用。因为他们都是在成年后才被招募进教会的，因此有机会通过此前积累的职业经验了解哲学。特别是哈勒斯的亚历山大，在神学课程中引入了“问题论辩”式（Quaestio disputata）的方法，并选择彼得·伦巴德的《箴言四书》作为授课教材。尽管他对古典时期的哲学思想持开放态度，但他和那一代的所有同事一样，仍然服从于传统的宗教权威，尤其是奥古斯丁主义。人们在采纳对神学立场最有具体帮助作用的思想理念时，并不太注意其出处。于是，像“物质形式多样性”这样的学说也获得广泛的认可，因为它可以用于基督学（Christologie）；阿维斯布隆的“形

① 托钵修会，13世纪初成立的天主教修道组织，主张维护正统教义，提倡清贫生活，鼓励修士们走出修道院，将福音传给普通人，格外注重发展学术，其主要派别包括方济各会、多明我会、奥古斯丁会和加尔默罗会，合称为四大托钵修会。——译注

式质料说”有助于验证上帝的优越地位；意志至上论则验证了情感神秘主义的道路；至于真理的确定性，则可以归因于上帝的启示。人们还讨论了不同传统中的上帝决定：奥弗涅的威廉引述了阿维森纳的“必然性”学说（ens necessarium），哈勒斯的亚历山大引述了伪狄奥尼修斯的“至善论”（summum bonum）。

对巴黎神学界贡献最大的是托钵修会的那批教授。与终身保留教职身份的世俗神职人员不同的是，这些教师的轮流更换非常频繁，不断为哲学院增添新的活力。他们的名单几乎就是这个世纪最重要神学家与哲学家的花名册。从哈勒斯的亚历山大开始，直到这个世纪末，当时著名的哲学教授清一色都是方济各会修士，例如拉劳切尔的约翰、波纳文图拉、阿库斯帕达的马太、阿拉斯的尤斯特拉修斯、威廉·德拉·梅尔、布鲁日的瓦尔特、彼得·约翰尼斯·奥利维、彼得卢斯·德·特拉比布斯、西班牙的冈察乌斯、福尔诺的维塔利斯。

这个团体的代表人物是亚历山大的学生巴尼奥雷焦的波纳文图拉，他于1243年加入方济各会，在1253年获得神学博士学位。早在教书期间，他就已经撰写了一部堪称博大精深的《箴言四书注释》（*Sentenzenkommentar*），以及一系列主题各异的论辩类论文。1257 年，他被选为方济各会的总会长，其工作重心也由此转移到教会的管理工作上，其中包括解决对立派系（世俗神职人员与“守规派”修士）之间的矛盾，缓和教团的紧张关系。他批评伯格圣多尼诺的格哈德在菲奥里的约阿希姆影响下提出的“末世论”学说，制定了新版的“教团章程”（1260 年在纳博讷），撰写了教团创始人方济各的官方传记，在与世俗神职人员阿布维尔的格哈德的分歧中，他站在托钵修会一边进行辩护。波纳文图拉还写过一些小型论文，其中就包括流传特别广泛的《心向上帝的旅程》（*Weg des Gemüts zu Gott*）。在最后的晚年时期，他回到巴黎进行公开表态，以基督教神学为核心思想反对亚里士多德主义，1273 年著有《关于创世六日的讲话》（*Reden über das Sechstagewerk*）。

在他的《关于创世六日的讲话》中，波纳文图拉强调了当时哲学界出现的基本错误：针对亚里士多德批评柏拉图的观点，人们应该抱着警惕之心加以审视，不应将其理论视为创造的永恒法则。而当今文科学院的哲学家们竟然否定了天意、意志自由和个体灵魂的不朽，并对人死之后的奖与惩产生怀疑。这些“盲目”的哲学家宣扬了一种摒弃上帝与宗教价值观的世界解释方式。为此，波纳文图拉研究过亚里士多德的思想，并接受了他在自然科学领域的大部分观点。他希望强调自己反对亚里士多德主义权威性的立场，并且在哲学本身的传承中寻找补救方法。其中还包括“神圣光照论”（philosophi illuminati）[①]，他们敬拜的是同一位上帝，践行着他的美德和智慧。从中可以反思自己是否找到重寻智慧的真正道路，正如波纳文图拉在其论文《心向上帝的旅程》中所说的。如果人们认真遵循那句古老的箴言“认识你自己”，就会通过自己的心灵觉醒获得启示：在抽象化的世界中存在着某种在外部世界中没有经验基础的确定性，这更像是预设的“永恒理性”（rationes aeternae）。人们如果想得出任何真实而可靠的判断，都必须以上帝即“存在自身”（ipsum esse）这一至高概念为前提，正如进行任何价值观判断时，都必须以上帝即“善自身”（ipsum bonum）为前提。真理的确定性只能来自人们的内心，而上帝的“光照”则是形成这一信念的密码。理性之路应该引导人们通过爱实现与上帝的超理性结合，

① 神圣光照论，由奥古斯丁提出的一种基督教认识论，奥古斯丁认为上帝爱世人，于是将真理之光无形地散射出来，照亮所有人的心灵，因此上帝既是光照之源，也是真理之源。奥古斯丁在某种程度上借鉴了普罗提诺的“光喻说”。——译注

然而正如我们所看到的，波纳文图拉的作品实际上包含了纯粹的哲学思想与高度思辨的部分内容。

实际上，他的思想成果与巴黎主流神学家的传统立场是完全一致的，其目的都在于让自然科学与哲学应用于神学，并服从于神学。神学在这里指的就是带有奥古斯丁主义特征的智慧。

巴黎的多明我会神学家也在追求同样的目的，只不过他们采取的是另一种策略。这个教团的首批教授遵行的是更为传统的神学思想（克雷莫纳的罗兰、圣谢尔河的休、皮埃尔·德·塔朗泰斯）。不过，就在接近这个世纪中叶之际，与同时期哲学院的研究方式相比，一种更为开放的学术精神在多明我会修士中流行开来。对此，人们的反应比较复杂，既对教团从一开始对大学知识分子具有的吸引力感到有些担忧，又对教团抵御伊斯兰学术界挑战的拒绝立场深感力度不足。这一思想的代言人是大阿尔伯特，他于 1245 至 1248 年在巴黎讲授神学。在此期间，他埋头撰写了一批神学著作，其中最著名的是《被造物大全》（*Pariser Summe*，又名《巴黎大全》）和《箴言四书注释》。直到他回到德国后，大阿尔伯特才开始着手实施一个当时几乎不可思议的宏大构想：解读所有流传于世的亚里士多德作品。由于他的哲学评注都是在德国写的，可以说这些都是“德国”作品，因此我们将在下文另行介绍。不过，凭借其研究成果，大阿尔伯特同样对巴黎产生了巨大影响。他的著作在巴黎哲学教授中广为流传，并获得高度赞誉，因为他们把阿尔伯特对《亚里士多德文集》的全面解读看作哲学研究实现了合法化。

13 世纪 50 年代，对如何将教团学术组织规定的教学计划实现革新进步，多明我会曾经进行过一次讨论。最终（1259）在瓦朗谢讷成立了一个委员会，成员包括皮埃尔·德·塔朗泰斯、大阿尔伯特和他的学生托马斯·阿奎那。他们的投票结果是，亚里士多德的哲学课程可以被纳入教团的学校体系。鉴于多明我会在当时知识界起到的主导作用，这是古典时期哲学（特别是亚里士多德哲学）被借鉴和融入基督教思想体系的关键一步。

除了大阿尔伯特，推动这次进步的最重要战略家还包括托马斯·阿奎那，他在 1224/1225 年出生于罗卡塞卡的一个封建领主家庭。在家族的安排下，托马斯投身宗教界，并按照古老的习俗被送入蒙特卡西诺的本笃会修道院。后来，在那不勒斯进行短期学习时，他接触了多明我会，并于 1244 年成为该教团的成员，他的才华很快就获得多明我会的认可，随即被派到巴黎学习神学。他在巴黎师从大阿尔伯特，1248 年又跟随老师前往科隆继续学习；1252 年，他作为导师助理和教授重返巴黎；从 1259 年起，他开始负责在意大利组织多明我会的学术研究工作；1268 年，他再次回到巴黎；1272 年最终定居在那不勒斯。

托马斯取得的学术成果异乎寻常的广博浩瀚，体现出一位神学教授不知疲倦的勤奋教学生涯。托马斯为彼得·伦巴德的《箴言四书》《圣经》的多卷内容以及伪狄奥尼修斯的《论神圣之名》写过注释，还发表过他在巴黎和意大利的讨论成果，如大批论辩类著作《论真理》（*disputatae*）和《论万物》（*de quolibet*）。他还两次采用当时常见的“大全”式学术工具，以此彰显信仰真理与哲学理性的统一性 [《反异教大全》（*Contra Gentiles*）]，并向教团修士们提供系统化的神学概论 [《神学大全》（*Summa theologiae*）]。除此之外，他还在一系列专题论文中探讨了同时期的神学问题。通过所有这些著作，他履行了作为一位神学家的全部教学职责，但他同时还潜心在哲学领域开展深入的研究，为《亚里士多德文集》写过十余篇评论文章。由此他向世人展示，他不仅将自己看作一位神学家，而且还将自己视为一位哲学家，就像他的老师大阿尔伯特一样。

托马斯的研究目的在于将亚里士多德的学说合法化，同时将其用于基督教神学。在新译的或者译文经过修订的亚里士多德作品中（在教友穆尔贝克的威廉的辅助下），他尝试用新撰写的注释，取代当时备受重视的阿威罗伊版本的注释（相关金句："阿威罗伊与其说是注释家，不如说是一个破坏者"），同时通过将亚里士多德思想彰显为古典时期理性主义发展的巅峰，为自己的学术研究找到依据。他希望由此表明将这种思想融入神学视野是可行的。他满怀信心地写道："如果在哲学家的著作中发现反对宗教信仰的论点，这并不能归咎于哲学本身，而是因为缺乏证据而造成的误会。"由于神学的箴言出自真理的最可靠来源，因此，探寻神学法则的科学方法与探寻哲学法则的方法是完全相同的。托马斯借助"等差"理论（Subalternationslehre）阐述了他的观点：神学跟任何其他科学类型一样，都属于可以进行演绎推理的学科。正如在科学的等级体系中，需要从上到下依次接受科学原则进行论证（例如几何光学），神学则采用的是最可靠的论证原则："上帝和有福者的科学。"事实证明，信仰是个体认识上帝的某种短暂的、感性的时刻，也是我们每个人在未来生活中终将遇到的时刻，而神学家则能够在其工作中详细阐明上帝的思想。因此，神学的真理也可以被解释为哲学的规范。当这一立场通过“哲学是神学的婢女”（philosophia ancilla theologiae）这句话表达出来时，如今听起来可能相当教条主义，但它在当时起到了将理性方法系统地应用于神学，并且让哲学神学的研究成果实现合法化的积极作用。这方面的范例就是上帝存在与灵魂不朽的后验证明。

托马斯的认识论工具来自亚里士多德，但并不是完全依靠亚里士多德。例如，在他的《神学大全》中，他采用了新柏拉图主义的流溢说和复归上帝的模式，并带有末世论思想。在他的早期著作中，还可以看到阿维森纳的明显影响，首先体现在《论存在者与本质》（*Über das Seiende und das Wesen*）一书中，根据阿维森纳的看法，“非存在”的本质意味着受造物的本质与存在是可以分离的。在可见实体中，包含在定义中的“本质”代表着质料和形式的复合体，在非物质实体（天使）中，本质就是形式，但在这两种情况下，存在（实存）都被附加到本质中。本质与存在只有在上帝中才是同一的，因为他并非“曾经存在”，而是“一直存在”。普遍性概念和定义要素并不是真正存在的本质，而是对个体的不同看法。这只是“实存”于精神以外的存在。

根据上述思考，托马斯放弃了古老而流传广泛的柏拉图–奥古斯丁主义思想，即形式本身比被“囚禁”在质料中的形式更具有现实性。他将自己的思考集中在创造过程中作为维度（质料）与形式的复合体的具体个体上，他看到了个体所具有的自主性，并由此对自然提出一种非常具体的理解方式，不再具有任何象征意义，这种理解是建立在日常经验的论证基础之上的。在反对阿威罗伊的“独一理智论”以及反对方济各会学说的“人的实体形式具有多样性”时，他也提到了这一论据。针对阿威罗伊的学说，他强调说：虽然这个概念具有普遍性和主体间性，但这并不意味着人们只能假设存在一种理智；正相反，个体的思考经验可以表明（“有这样一个人正在思考”），人类的理智并非一种物质，而是一种个体拥有的思维能力，人类有能力根据万事万物以及通过感官获得的一般印象，抽象总结出其中包含的共相。针对方济各会的学说，他认为，假设人体内同时存在多个灵魂，将会破坏主体的统一性。人的最高统一性就是自己的理智，整个人都必须服从理智，意志也需要服从理智。通过提出最后这个理论，托马斯也与方济各会遵从的奥古斯丁主义拉开了距离，因为后者主张的是意志至上论。

在托马斯去世（1274）时，他的理论学说已经成为学术交锋的激烈焦点。1277 年，英格兰和巴黎同时有人谴责他对多种实体形式的抵制（参见前文）。方济各会修士威廉·德拉·梅尔还专门出版了一本书《托马斯弟兄理论的修正》(*Correctorium*)，集中批评托马斯，然而他得到的回应是整个欧洲的反驳之声，从作品《对托马斯弟兄理论的修正的修正》(*Correctorium Corruptorii*）中可见，这些人中包括理查德·克纳温、巴黎的约翰、波隆那的郎伯特。多明我会对托马斯的学说非常支持，并在巴黎成立了一所讲授这些理论的神学家学校,在此后的一个世纪,该校的影响力相当广泛（特利拉的贝纳尔、赫维斯·纳塔利斯、威廉·佩特里·德·戈迪诺），同时，多明我会还向反托马斯主义立场的教师圣普尔坎的杜兰杜斯施加压力。作为奥古斯丁修会最著名的教师，罗马的吉尔斯很早就站到了托马斯这一边，他在“实在的区分”意义上进一步发展了阿奎那关于存在与本质的思考。除了当时的奥古斯丁主义者维泰博的雅各布，还必须提及两位出身世俗神职人员的巴黎神学家：根特的亨利和方汀斯的哥德弗雷，他们两个人的立场刚好相反。哥德弗雷捍卫的是一种受托马斯主义深刻影响的严谨的理性主义，而亨利坚持的是奥古斯丁主义传统，主张意志至上。根特的亨利是当时很有影响力的教授，在关于万物中的“存在与本质”区别的学说中，体现出他的唯意志论思想：从本质上看，这种区别纯粹是概念性的，事物的本质在于它与上帝的知识之间建立的永恒不变的关系，事物的存在或实存来源于自身与上帝创造意志之间的关系，其中离不开有效的因果关系为基础，并具有偶然性的特征。

上文最后提到的三位学者维泰博的雅各布、根特的亨利和方汀斯的哥德弗雷，都是作为“自由论辩集”（Quodlibet）系列著作的作者而闻名。这当然并非巧合，借助这种论辩方式，教授们可以在学院会议上定期讨论学生们提出的问题。在中世纪大学的教学体制中，这些公开讨论对教师和学生来说是最引人瞩目的时刻，非常有助于培养青年学者，他们中的大多数人都力争在各种主题的公开辩论中战胜对手，或者至少能幸存下来。这也促进了各所学校和“教团神学家”之间的合作，可以阐明标志性的对立学术主题。例如，在方济各会与多明我会之间，分歧就包括是意志至上还是理智至上；在解释思想时，是上帝的启示结果还是演绎推理结果；在假设实体形式时，是多样性还是单一性；物料究竟是充满生命的萌芽，还是应该被视为纯粹的力量；凡此种种。各种“大全”类作品和“自由论辩集”可以为学生们在文化世界里指引方向，起到辅助作用，而这些都需要在学校的公开辩论中获得可靠而鲜明的答案。

哲学风景线：英格兰

英国人对自然科学感兴趣的传统可以追溯到巴斯的阿德拉德，他曾经在 12 世纪上半叶将欧几里得的著作从阿拉伯语翻译过来，并在《自然问题》（*Fragen über die Natur*）中引用过亚里士多德的物理学著作。曾经在托莱多工作的莫雷的丹尼尔是《论上下自然》（*Über die oberen und niederen Naturen*）一书的作者。13 世纪初，英格兰南部的一批学者延续了这一传统，罗吉尔·赫尔福德写过天文学论文，萨利谢尔的阿尔弗雷德翻译过阿维森纳的部分阿拉伯语作品以及伪亚里士多德的《论植物》（*Über die Pflanzen*），他还为亚里士多德作品写过注释，还写过一篇解剖学论文《论心脏运动》（*Über die Bewegung des Herzens*）。阿尔弗雷德将这篇文章献给学识广博的赛伦塞斯特修道院院长亚历山大·尼卡姆，后者曾经在巴黎担任过教师，还是博物学百科全书《物性论》（*Über die Naturen der Dinge*）的作者。约翰·布伦德精通亚里士多德和阿维森纳的著作，并且在这个世纪初写过一篇关于亚里士多德《论灵魂》的评论文章。这一群体还包括年轻的罗伯特·格罗斯泰斯特，他是这个世纪上半叶英国哲学的核心人物。他的名字不仅与1214年正式成立的牛津大学密切相关（他本人曾于1222年就任牛津大学校长[①]），还与英格兰新成立的托钵修会第一个学术项目联系在一起。格罗斯泰斯特与方济各会的关系格外密切，虽然他没有正式加入该教团，但他在1229/1230年帮助牛津的教友创办了一所神学学校。从1235年到1253年，格罗斯泰斯特担任林肯郡的主教，同时继续自己的学术研究，在此期间还学会了希腊语，他用希腊语完成了大量高难度的翻译工作。其中包括翻译了完整版的《狄氏文集》、大马士革的圣约翰的《正统信仰阐详》（*Über den orthodoxen Glauben*），还有尤斯特拉修斯注释版的《尼各马可伦理学》。从他翻译文献种类的复杂性，就可以看出他兴趣的广度以及在哲学思想上的开放性。此外，他还为亚里士多德的重要作品写过注释，包括《后分析篇》（*Zweiten Analytiken*）和《物理学》，并针对形而上学、物理学和宇宙学等专业问题撰写过一系列简短但立论严谨的

① 此处有误，格罗斯泰斯特在牛津大学担任校长的时间实际为1215至1221年。——译注

论文。

在《论光》一书中，格罗斯泰斯特根据光及其传播模式，提出一种关于宇宙起源及其性质的假说。第一质料以及有形体的第一形式是构成宇宙万事万物的可见的组成部分（此说受阿维森纳的影响，参见前文）。但是，这两者作为简单概述的原则，并不能解释不同维度上的万物起源。因此，必须假设在第一形式中拥有一种无限可用的能量，可以在质料中自我增殖、发散和扩展。然而，正如格罗斯泰斯特观察到的，这种增殖、发散和扩展都属于光的特性。光的准时性与球面传播方式是宇宙呈圆球形、穹顶具有特殊发光强度的原因，从穹顶无限反射出的光线集中到地球四大元素的中心点，并构成天球与天体。一切有形体都取决于光线照射的数字比例，需要依据几何光学和数学的相关定律加以研究。在光的模型中，格罗斯泰斯特调和了《圣经》宇宙观（fiat lux，即“要有光”）和亚里士多德宇宙观的结构。

对于林肯郡主教来说，这个模型还具有认识论方面的价值，他认为人类的感性也同样遵循光传播的规律，人类具有理智认知能力的前提条件是第一真理（也就是上帝）像光一样照射到已知的万物及其永恒的原型（ratio aeterna），从而使认知理性更加“开明”。这种从永恒原型的理智观察角度对认知进行的解释，明显来源于奥古斯丁的哲学理念，但推动格罗斯泰斯特从事科学研究的动机应该是他对探索科学现象所具有的浓厚兴趣——这实际上也可以说是一种“启蒙”。格罗斯泰斯特研究的自然科学领域尤其包括光学、气象学、天文学以及色彩学等。在解释自然现象时，他非常重视实践经验的重要性以及“几何学”起到的重要作用。同时,他还为《圣经》写过注释，为伪狄奥尼修斯的著作写过评论文章。

在罗伯特·格罗斯泰斯特周围有一批学生逐渐成长起来，他们塑造了13世纪的英国知识分子格局。其中包括方济各会牛津修道院的教师亚当·马什和托马斯·约克，后者还是一本重要的但可惜未能出版的形而上学著作《智慧大全》（*Sapientiale*）的作者。格罗斯泰斯特的朋友还包括牛津多明我会的第一位神学教授罗伯特·培根。哈勒斯的亚历山大在年轻时也曾经在牛津跟随格罗斯泰斯特学习，后来他作为神学家在欧洲大陆取得了非凡的成就。从1243年起，亚当·贝克菲尔德开始在牛津的哲学院工作，他撰写了二十多篇关于亚里士多德的评论文章，其中大量参考了阿威罗伊的思想理论。

在这个圈子里最重要的人物，在某种意义上继承了格罗斯泰斯特的文化遗产的人就是罗杰尔·培根。和许多其他英国知识分子一样，培根的一生始终往返于牛津和巴黎之间。他曾在牛津大学学习，并于1241至1246年在巴黎担任哲学教师。13世纪50年代，他加入方济各会教团，但是在教团里并没有获得此前在大学中应有的教师职位。随着他的保护者居伊·福库瓦当选为教皇克雷芒五世[①]（1265），他似乎迎来了人生的转折点。受教皇之命，他开始负责撰写一部关于学术改革的著作，但教皇的突然去世（1268）随即又摧毁了罗杰尔的希望。1278年，他在教团中陷入困境，这可能归咎于他对占星术的兴趣。在牛津的最后几年时光，他致力于翻译和评注伪亚里士多德的阿拉伯语著作《秘密中的秘密》（*Geheimnis der Geheimnisse*）。

罗杰尔的学术兴趣相当广泛。作为一名哲学教师，他写过一些语法学和逻辑学著作，还写过关于亚里士多德物理学和形而上学的注释。他是最早引用斯塔基拉人（即亚里士多德）及其阿拉伯注释家作品的学者之一，但他并不忌惮针对神学家在各自院系制定的新课程提出激烈批评，他尤其批评将彼得·伦巴德的《箴言四书》当作教科书的做法。在晚年为教皇撰写的《大著作》

---

① 此处有误，1265年即位的教皇（即罗杰尔·培根的保护人）应为克雷芒四世。——译注

（*Opus maius*）、《小著作》（*Opus minus*）和《第三部著作》（*Opus tertium*）中，他认为神学应该建立在对《圣经》解读的基础上，为此需要熟悉古代语言（希伯来语、希腊语和拉丁语）、数学、光学以及自然科学的一般知识，而不是教父说过的那些箴言。亚里士多德的哲学在罗杰尔的知识体系中只占次要地位，仅被用于实用哲学（道德哲学），这套哲学思想不仅包括美德教义，还包括宗教哲学、修辞学以及一种受占星术影响的宗教与文化社会学。他对个体优先地位的维护，反对服从普遍性的思想，让人想起了奥卡姆。这是否意味着存在一种以经验为导向的"英国式思想"——就像有人评价格罗斯泰斯特时所说的那样（参见理查德·威廉·萨瑟恩写的格罗斯泰斯特传记），目前还很难得出结论。不过，罗杰尔的经历向我们表明，英伦岛国文化界和欧陆文化界之间的交流是单向进行的，几乎没有欧洲大陆的学者前往英国学校，相反，英国人则经常在巴黎学习并在当地就业。除了上文已经提到的哈勒斯的亚历山大（1245），在 1231 年至 1255 年间，方济各会修士康沃尔的理查德·鲁弗斯也曾经活跃在牛津和巴黎之间。另一位在巴黎哲学院学习的重要牛津神学家是多明我会修士罗伯特·基尔沃比，他与前辈和教友理查德·费夏克里共同为《亚里士多德文集》在神学界的传播做出了贡献。罗伯特发表过关于逻辑学著作的评注，在担任坎特伯雷大主教期间，他宣称反对托马斯·阿奎那（1277）。尽管他的继任者约翰·佩克姆于1284年再次宣布谴责托马斯·阿奎那，但英国还是很快就形成了一个托马斯主义学派，其成员包括威廉·豪瑟姆、理查德·克纳温、威廉·麦克莱斯菲尔德、罗伯特·奥福德、托马斯·萨顿和尼古拉斯·特雷维特。

学术界的外围地带：拜占庭、那不勒斯、马略卡、科隆

纵观欧洲其他地区，虽然并没有出现像巴黎和牛津那样体系健全稳固的哲学研究机构，但也呈现出区域性和跨区域的重要学术聚集现象。这首先出现在拜占庭的文化世界，原本作为中心枢纽的君士坦丁堡在这个世纪上半叶始终处于十字军的统治之下（1204—1261），直到13世纪60年代被收复之后，才随着帕里奥洛加斯王朝的建立恢复了原有的地位。在拉丁统治时期，这一地区最重要的学术界人物是以弗所一所著名学校的校长尼基弗鲁斯·布雷米狄斯，这所学校在讲授亚里士多德的

逻辑学与自然哲学的同时，还将基督教－新柏拉图主义的形而上学作为“接近上帝”的学习之路。在帕里奥洛加斯王朝统治期的君士坦丁堡，乔治·帕奇梅雷斯写出了《哲学》一书，对整部《亚里士多德文集》进行了一次高水平的概括总结，依照当时的学术传统，他将这部文集归纳到更宏大的柏拉图主义框架内（参见他为《巴门尼德篇》和伪狄奥尼修斯的《信件十札》写的注释）。同时，拜占庭哲学也受到了拉丁人的影响：马克西姆斯·普拉努德斯翻译了波爱修斯、马克拉比和奥古斯丁的部分作品。

在这个世纪上半叶，神圣罗马帝国皇帝腓特烈二世的宫廷成为欧洲文化的重要枢纽之一。在往返于巴勒莫与其他意大利南部行宫之间的时候，他根据实际观察写过一本《猎鹰的艺术》（*Über die Kunst der Falkenjagd*，值得注意的是，他的写作目的是“展示事物原本应有的状态”），他资助过一批翻译家和科学家，其中包括迈克尔·司各脱、安条克的塞奥多罗斯、尤达·本·所罗门·哈－科恩，他还与伊斯兰教苏菲派（伊本·萨宾）和基督教数学家（莱昂纳多·斐波那契）通过信，并于1224年创建了那不勒斯大学（20年后的托马斯·阿奎那就是在这里读书时被多明我会招纳入会的）。

从 1245 年起，教皇的宫廷开始设立重点培养法学家的课程，同时也研究哲学问题。大阿尔伯特于 1256 至 1257 年在（意大利的）阿纳尼发表了关于命运与理智统一性的演讲。像西里西亚的维提罗和诺瓦拉的坎帕努斯这种自然科学家，以及著名翻译家穆尔贝克的威廉等也偶尔会出现在维泰博的教皇宫廷里。这个世纪有两位教皇出自职业神学家的行列：皮埃尔·德·塔朗泰斯（英诺森五世）和基罗拉莫·马斯奇（尼古拉四世）；还有佩德罗·若里昂（约翰二十一世）可能进修过医学。大多数教皇和红衣主教都接受过法律教育，他们普遍对建立高效的行政办公机构感兴趣。与意大利北部的各所大学一样，在法学院开设的哲学课主要围绕的是法学教育，因此，这种环境并没有促进针对哲学文献和相关问题的深入研究。

在这个世纪中叶，腓特烈皇帝的堂弟、卡斯蒂利亚国王“智者”阿方索十世的宫廷是西班牙最活跃的跨文化交流中心。阿方索国王推动编制过一套精密的天文学表格《阿方索星表》，同时还资助学者翻译出大量的自然科学文献。跟上个世纪一样，这场翻译运动的中心仍是托莱多，只不过这次的翻译目标语言不再是拉丁语，而是卡斯蒂利亚语。

类似的进步还出现在加泰罗尼亚语地区。这里不仅使用当时国际通行的拉丁语，还使用加泰罗尼亚语，例如雷蒙·卢尔就用这种语言写出一系列内容包罗万象的哲学－神学著作，其中包括250多部作品。雷蒙于1232年左右出生在帕尔玛马略卡岛的一个贵族家庭，曾在蒙彼利埃大学就读，并于这个世纪下半叶搬到基督教与伊斯兰世界之间的边境地区生活。他立志将规劝伊斯兰教徒改变信仰作为自己的人生目标，并制订了一个传教计划。为此，他不知疲倦地前往巴黎、罗马、北非和整个地中海地区进行巡游。在他的多部不同类别的著作中［《论证艺术》（*Kunst des Beweisens*）、《简明艺术》（*Kurze Kunst*）、《伟人艺术》（*Große Kunst*）、《知识树》（*Der Baum des Wissens*）］，他设计出一种组合论证艺术，声称这将有助于找到“必要的理由”，从而为哲学思想提供来自基督教神学教义的理性证明。这种组合艺术需要借助旋转一套同心结构的几何图形实现，其中图形的顶点分别对应代表宇宙基本原理的字母（包括上帝的属性与自然的类别）。由此，我们对哲学、神学和法律概念的认识都可以通过这种建设性方式获得验证并得以扩展。凭借这种新发明的方法，雷蒙希望启发穆斯林神学家认识到上帝的化身和三位一体学说的必要性。他多次寻求与他们直接进行辩论（1293 年和 1314 年曾前往突尼斯），但真正的交流始终未能实现。在他漫长生命的最后几十年里，他积极支持十字军运动［《目标书》（*Buch vom Ziel*）］，并发起一场针对同样被唐皮耶主教痛斥的巴黎“阿威罗伊主义者”的激烈论战［《一场对话形式的宣言》（*Erklärung in der Form eines Dialogs*）和其他论文］。

雷蒙跟方济各会的关系格外密切，但对当时的主流学术界来说他始终是个局外人，因为其作品都是采用民间方言写成的，不过他的影响力却也非同小可。甚至他身边还吸引了一批激情澎湃的弟子，在他去世后继续坚持将他的作品和方法流传给后人。由托马斯·勒迈西尔在法国开创的卢尔学派传统影响了库萨的尼古拉和文艺复兴时期的其他重要思想家，特别是乔尔丹诺·布鲁诺。

在德语地区，科隆是哲学界活跃的中心。在这座莱茵河畔的大都市里，德意志的多明我会于 1248 年成立了一所神学院。这所学校原则上是为教团培养神学家而设立的，但同时还具有跨国性质，因为它是多明我会的欧洲大学网（博洛尼亚、巴黎、牛津、蒙彼利埃）的组成部分之一，可以接收来自欧洲各地的奖学金获得者。虽然除了神学之外的其他课程设置都在模仿当时已有的大学，但在很长时间内，确切地说是在查理四世创建布拉格大学（1348）之前，多明我会在科隆的这所教育机构都是整个德意志范围内唯一的大学。大阿尔伯特就是这所学校的第一任校长。在此之前，大阿尔伯特曾在帕多瓦求学，并在那里加入多明我会。在进修过神学课程之后，他陆续在德国多所修道院当过教师，直到 1243 年被派往巴黎担任讲师。1245 年他又被晋升为教授，然后在 1248 年返回科隆，负责管理该省的教育体系。他通过试讲新课程，编写新教材，尽职尽责完成了这项工作，开始向学生们讲授伪狄奥尼修斯的理论以及亚里士多德的伦理学和动物学课程，同时着手为整部《亚里士多德文集》撰写注释，希望通过这一学术项目让“拉丁人更了解亚里士多德”。在常居科隆期间（偶尔也去雷根斯堡和维尔茨堡），他逐步完成了对 30 多部亚里士多德和伪亚里士多德作品的评注，这些作品很快就在多明我会的各个修道院流传开来，并且在巴黎的哲学教授中获得巨大共鸣。大阿尔伯特的本职工作是神学家，对亚里士多德的著作进行如此深入的研究，其实对他来说并非理所当然。但他认为这一项目是他最优先看重的工作，因为这是将古典时期哲学思想从伊斯兰教训诂学中解放出来的机会。1259 年，当亚里士多德的学说被确立为教团学生的必修课时（参见前文），大阿尔伯特的注释终于得以公开出版，学生们再也不用依赖阿威罗伊或者阿维森纳的相关书籍了。

大阿尔伯特很清楚自己承担的是一项非常棘手的任务。因为《亚里士多德文集》本身以及伊斯兰学者和古典时代晚期学者撰写的相关文献早已形成一套关于自然与人类的封闭而独立的解释体系。在他的教团中也不乏反对者，这些人强调说，如果一种世界观胆敢将所有自然过程都解释为拥有永恒生命的运动天体进行光照的结果，甚至还用赫耳墨斯·特里斯墨吉斯忒斯[①]的宇宙命运（eimarmene）取代上帝的自由，那么这种学说就已经相当危险了。大阿尔伯特对此的回答是，“当我研究自然科学时，不在乎上帝的神迹”。这一简洁明了的表态可不仅意味着暂时逃避神学的权威性，大阿尔伯特更坚信的是，哲学和神学是分别在两个不同层面运行的两种学科，因为它们遵循的是完全不同的运行法则。神学

① 赫耳墨斯·特里斯墨吉斯忒斯，公元 1 至 3 世纪出现了一批神秘学文献，其作者均自称此名（又被译为“三重伟大的赫尔墨斯”）。这批文献内容复杂，水平参差不齐，涉及占星术、魔法、炼金术、哲学以及神学等领域，主张的学说亦被称为“赫耳墨斯主义”，对后世的文艺复兴有一定影响。——译注

作为一种“情感科学”（scientia affectus），表面上似乎符合亚里士多德定义的科学类型，但它遵循的其实是宗教启示式的法则，在宗教价值观的世界里以及在上帝的自由干预下左右摇摆。而哲学则正相反，它是一门理性研究的学科，只遵循自然理性的法则。这种“自然科学研究”的方式终结了古人将自然当作“上帝之书”的象征性理解。大阿尔伯特在论证自己的这一新型自然理念时，采用了亚里士多德学派－伊斯兰学者关于“星体影响”的学说作为工具。

虽然根据这一学说产生了关于人类自由的质疑，大阿尔伯特仍然坚持自己的方法。他在构建哲学人类学时，依据的是对理性概念的研究，而不是对《圣经》的解读（参见他为亚里士多德《论灵魂》写的注释）。为此，大阿尔伯特认为，在研究人类的思维方式时，应该注意区分自然的视角与非经验的或先验的视角之间的差异。第一种视角将思维视为一种个体能力，由一系列个体思想组成；第二种视角则将“理性视为理性”，并表明它属于一种绝对存在，不受任何时空上的制约。通过修正（被暗示）属于第二种视角的阿威罗伊主义心理学，大阿尔伯特试图对柏拉图和亚里士多德的观点加以调和，并为当时正在被广泛热议的问题提供一个精确的答案：如何确定概念的共相，以及如何确定共相与作为身体形式的灵魂个体之间的相容性。通过宣布“理性就是理性”，他认为理性是灵魂的一种实体，是人体内的一种神性要素。此外，大阿尔伯特还为人类赋予“上帝与世界之间的纽带”的地位，同时仍然坚持他对理性具有完美属性的一贯看法。这意味着人类可以逐步具备自己的理性，为此可以借助科学研究加以实现。对于人类所独有的与神性之间建立的特权关系，大阿尔伯特除了进行哲学论证之外，还提出了一种神学版本的论证，以彰显理性灵魂与“上帝形象副本”之间具有的一致性。尽管如此，他对智力活动进行的理性分析仍然具有开创性意义，这也是他所在学校不断进行人类学反思的理论起点。

大阿尔伯特的评注在巴黎以及其他欧洲大学取得了巨大而持久的成功。在 14 世纪中叶之前的德国，多明我会始终经营着唯一一所高等学校（科隆），这实际上已经形成一种毫无竞争对手的教育垄断局面，因此，大阿尔伯特也就成为哲学和神学研究的参照标准。他的学生斯特拉斯堡的乌尔里希写的《至善论》（*Über das höchste Gute*）是一部涉及面广泛的神学著作，在很大程度上都是依据大阿尔伯特的自然科学和伦理学著作完成的。这种情况同样出现在埃尔福特的艾肯弗里德的

《概论》(*Abriss*)中，奥拉蒙德的阿尔伯特完成的一部侧重自然科学内容的著作《自然大全》(*Summe über die Natur*)也是如此。不过，除了这些影响范围，还有一位斯特拉斯堡的雨果，这位多明我会修士写成的《神学真理概要》(*Abriss der theologischen Wahrheit*)与上述作品刚好相反，在结构上更接近波纳文图拉，同时借鉴了古代的教父哲学文献。在 14 和 15 世纪，大阿尔伯特已经成为中欧大学领域内的学术权威，在他去世之后，一场影响深远的哲学思潮就是用他的名字命名的(via Alberti，阿尔伯特主义者)。

第六章

拉丁人之间的相互交流：14 世纪

14 世纪初期，拉丁欧洲的哲学、自然科学和神学领域的总体格局已经非常稳定。那个不断面临来自阿拉伯世界的新挑战的时代早已结束。古典时期学术体系的文本传播过程似乎也已基本完成使命。欧洲所有的哲学和神学院系都设立了相同的课程，采用相同的教学方法，阅读和评论的文献也相差无几。随着大学的规模越来越大，大学生和教授成为历次哲学讨论中引人注目的专业听众，并且促使这些讨论的专业性也越来越强。在经历了一个充满了大设计、大争论和大系统的世纪之后，一个更注重思考、细节批评和深入扎实工作的时代开始了。在各地大学的教师中，整整一代国际精英群体的哲学研究潜力都被消耗在敏锐的逻辑分析、自然哲学的数学化实验和新兴的政治哲学中。在神学领域，教皇推行的是严密的直接控制，不过，这种管控随着教廷搬到拉丁外围地区的阿维尼翁（1309）略微缓和了一些，教团和学校的地位均得以巩固——通过持续不断地交流观点、反驳、分类、子分类、设定例外和回应。

如今，拉丁语学者似乎可以在一个合作密切、不受干扰的文化环境内，心平气和地评注和讨论他们的教科书。当然，这只是虚假的平静。更多的艰难挑战已经出现在学术界视野之中，由于最新的哲学政治学思考引发了关于政治权力合法性的问题（帕多瓦的马西利乌斯）；在大学之外，普及民间方言的宫廷文化在日渐崛起；弗朗西斯科·彼特拉克开始掀起一场关于拉丁古典文学的讨论，继而开启了人文主义运动。此后，欧洲又诞生了一批新著作，还有一些古代典籍被人通过新视角重新解读。通往文艺复兴和宗教改革的道路终于敞开了。

“现代之路”

这个世纪初，活跃于英国和法国之间的最重要的英国知识分子是约翰·邓斯·司各脱，他是一名来自苏格兰的方济各会修士。邓斯先是在牛津学习和教书，然后又在巴黎生活（1303—1307），后来搬到科隆，并于1308年在这里与世长辞，去世时年仅40岁。他的哲学和神学著作包括为亚里士多德写的各种评注（有两篇关于《形而上学》的重要评论文章）、论文、论辩集以及为《箴言四书》写的多个版本的注释，还有一部经过编辑的《牛津评注》以及他在巴黎开设讲座时流传下来的若干笔记。

邓斯的职业是神学家，但他对哲学也有明确的见解。根据他在牛津版《既定讲演录》（*Ordinatio*）中写的序言，他认为哲学为世界提供了一种逻辑自洽的科学解释，哲学以自然法则实现的“自然完美”的名义，排除任何超越这一点的“超自然完美”。哲学家生活在一个必然性的世界里，没有上帝，没有恩典，也没有价值观。“但神学家知道自然并不完美，恩典则必不可少”，是神学向信徒们打开了偶然性、自由意志、伦理与末世论的维度。

由于神学家只能根据宗教启示设定的前提进行辩论，而哲学家在研究方法上只信奉自然理性，因此这两种人不可能找到共同进行辩论的基础。神学是《圣经》

的智慧以及对神示内容的分析，神学以信仰为前提，但没有为信仰提供任何科学证据。但是，对神学实用性特征的认可并不意味着哲学可以毫不费力地实现其权威主张。

通过细致的理性分析，邓斯揭示出他所处时代的哲学局限性：虽然哲学自称是实现人类最高目标“完美性”的唯一途径，但实际上，哲学对这一目标只有模糊的认识。哲学甚至无法为灵魂不朽提供证据，即便如此，通过对所有传统观点进行理性分析，还是可以揭示未经证实的预设条件和内在的矛盾。虽然在当时遭到毁灭性的激烈批评，但这位苏格兰方济各会修士始终对疏远哲学、维护宗教的要求不感兴趣，他感兴趣的是对哲学进行革新——他希望从形而上学开始进行革新。邓斯拒绝阿威罗伊主义将形而上学等同于神学的观点，他支持的是阿维森纳的学说，将形而上学理解为存在论（本体论）。在对现实进行最基本的划分（无限 / 有限、更高 / 更低、必要的 / 可能的，等等）时，依据的都是一个可证明的普遍和唯一的存在概念，可以根据“存在”（这也是上帝最优秀的名字）的概念进行分析扩展。邓斯在他的论文《论第一原则》（*Über das erste Prinzip*）中展现出通过这种新视角获得的思想成果，其中，他通过对排序的

（高和低）存在概念进行分析，展示了第一个无因原则的可能性，并从中论证出该原则实际存在的必要性。在这篇论文中，邓斯将安瑟尔谟思想与阿维森纳主义的学术主旨融合在一起，揭示了上帝的必要性（即阿维森纳提出的 per se necessarium）。依据邓斯的观点，上帝不仅作为智者实现了一个理想的创世计划，并且凭借意志与自由创造了一个偶然性的世界，而这只是在无数选择中形成的可能性之一，唯有深不可测的上帝之力才能实现这一切。

来自哲学界的批评之声导致邓斯陷入了对“唯意志论”的辩护，而这正是方济各会学术思想的经典主题，同时还导致他对偶然性和个体性的过度推崇。其中最后这一主题对他的哲学思想具有特殊意义：对他来说，个体事物不仅是感性认知的对象，也是理智与直觉认知的对象，是一种形式要素分层的结果，这种分层最终可以确定个体性（haecceitas，即“个别性”）。通过否定古典箴言“人们总是思考一般事物，而感受具体事物”，邓斯告别了带有亚里士多德－阿威罗伊烙印的学术概念，同时也告别了托马斯·阿奎那及其学派的哲学工具。他在完成这些工作时，显示出一种逻辑分析的力量，由此也为他赢得了“精细博士”（doctor subtilis）的雅号。

如果人们能够真正聚精会神地研读他那并不完全是西塞罗式的著作，那么肯定可以从这种逻辑思维学派中获得收益。但是，如果像彼特拉克和意大利人文主义者那样拒绝认真研读的话，则只能看到令人难以忍受的烦琐细节，并预言这只是一种新型的野蛮主义思想。

在邓斯于科隆去世多年之后，又有一位方济各会修士奥卡姆的威廉在哲学领域探出了新路。威廉的后半生都是在欧洲大陆度过的，一开始在阿维尼翁（1323—1328），然后是在慕尼黑为德意志国王巴伐利亚的路易四世效力。不过，他的教育背景以及他的第一部哲学神学作品很明显带有当时英格兰院校（牛津和伦敦）的学术兴趣与讨论特征。邓斯学说的传播对提高学术论证的标准很有帮助，人们对论证陈述形式的敏感性大为提高。奥卡姆的威廉不仅在方法论上延续了方济各会前辈敏锐的分析方法，而且在重要理论议题上也非常相似。关于司各脱思想的起源，奥卡姆的基本观点是，司各脱的理念首先是从精神上直接感知对象（cognitio intuitiva，即“直观认知”），而思考内容并不涉及当前对象的实体存在（cognitio abstractiva，即“抽象认知”），正因为借助了直接感知，因此可以确保与感知对象具有相同的可靠性。

科学对于奥卡姆而言（与邓斯的观点一样），是一门关于一般知识的学科，只不过对奥卡姆来说，“一般”指的是通过观察个体事物之间的相似性而产生的概念，这种概念可以“代表”任何个体，也可以简化为个体，它捍卫了个体性的价值观，与古希腊和阿拉伯传统的科学概念背道而驰。奥卡姆更进一步将一般性简化为个体，并且依据的是一条思维经济原则：“如无必要，勿增实体”（pluralitas non est ponenda sine necessitate）。这条著名的原则早已人所共知，但奥卡姆为此所具有的坚定性与严谨性却并不为人熟知。他得出的结论在当时可谓相当激进：他将亚里士多德提出的“范畴”一律简化为（个体意义上的）实体和质量。他将原因与结果之间的因果关系分解为通过反复观察即可联系在一起的实体，并揭示出：在现实中如果有人试图对这种“联系”进行假设，则纯属多余。他通过假设任何事物都可以被直接感知，相当于彻底否定了传统理论在感官认知与概念形成时，连接主体和客体所需的复杂形式体系（“物种”）。丰富多彩的常用习语被他简化为最低限度的绝对精神实例（概念），这些实例代表着相应的可直接感知的个体事物。

奥卡姆对思想语言进行的敏锐的新型分析影响了

所有传统的语法学和语义学领域。他的方法令人过目难忘，相比之下，古老的“思辨语法学派”作品则显得陈旧又肤浅。他这种经验主义的思维方式在学术界引起了强烈反响，也遭到教会的审查（1323 年在牛津，1340 年在巴黎），不过，他的学说还是很快被传播到各个大学中。在中世纪晚期，“奥卡姆主义”已经成为一种重要的“现代哲学之路”（via modernorum）。当奥卡姆在声明中支持他所在的教团以及整个教会中的激进福音派贫民时，也表现出类似的强大分析能力，因此与教皇约翰二十二世产生冲突，他在 1328 年不得不逃离阿维尼翁，躲在巴伐利亚的路易四世庇护之下，并通过一系列出色的作品《九十天著作》（*Werk der 90 Tage*）、《对话集》（*Dialog*）、《八个问题》（*Acht Fragen*）成为维护政治权力自治与教皇地位的中坚分子。奥卡姆同时还代表着神学界的激进立场，他拒绝将神学视为一门科学的可能性，他基本上只把神学当作《圣经》的知识而已，因此其信条也只对其信徒具有约束力。他对道德行为的形式结构进行了精确的分析。从理论上看，他在研究中依据的是极简主义与上帝全能的指导原则，并认为由此造就了世界的偶然性和自然法则。奥卡姆的理论学说与悠久的唯意志论传统和谐一致，从而为该学说赢得广大神学界拥护者扫清了障碍。

事实上，如果没有奥卡姆的话，14 世纪的整个英格兰哲学界和神学界几乎无法展开任何讨论——无论是支持他还是反对他。牛津的瓦尔特·伯尔莱站在唯实论的立场上反对奥卡姆。当时活跃于英国国王爱德华三世宫廷的知识分子群体，以藏书家理查德·德·伯里主教为核心开展活动，其中支持奥卡姆唯意志论思想的人包括一些教会高层僧侣，像理查德·费兹拉和托马斯·布雷德沃丁[《反对新伯拉纠主义者的神之论据》(*Für Gott gegen Pelagius*)]。布雷德沃丁还是牛津大学墨顿学院一个教授团体的成员（其他成员还包括威廉·海特斯伯里、理查德·科尔威顿、约翰·登布尔顿、理查德·斯万斯海德），他们尝试着计算各项比例，并将定量分析工具引入物理学（尤其是运动学）。坎普萨尔的理查德受奥卡姆的影响也非常明显；还有很多独立思想家对奥卡姆的学术思想进行过深入研究，例如亚当·沃德哈姆，多明我会修士威廉·克拉索恩和罗伯特·霍尔科特则坚持不懈地深化他的理论。

传统的唯实论思想主要体现在牛津大学的名师约翰·威克里夫的学术著作中。他沿袭托马斯·布雷德沃丁和理查德·费兹拉的传统，继续开展反对伯拉纠主义的论战，同时支持奥古斯丁古典理论中的“双重预定论”。在关于教会地位及其与国家关系的思考[《论教会》(*Von der Kirche*)、《论世俗统治》(*Von der bürgerlichen Herrschaft*)、《论君主的职分》(*Vom Amt des Königs*)]中，他表现出鲜明的反教皇倾向。他通过拒绝基督教中的变体论（Transubstantiation）和遗物崇拜，提倡对《圣经》进行直接解读，此外还出版了一本根据武加大版的拉丁文《圣经》翻译出的英文全译本，他发起了一场声势浩大的宗教改革运动，最终赢得了广大民众的响应(在历史上被称为“罗拉德派运动”)。

巴黎的“哲学芬芳”

在昔日巴黎大学哲学系的所在地麦秸街，人们可以呼吸到 Philosophici nectaris suavissima fragrantia（“哲学家甘露的醇美芬芳”，此语出自简登的约翰）。一批批来自欧洲各地的年轻人都是跟随这缕芳香汇集到了法兰西王国的首都。不过，学生们在巴黎接触到的思想理念、问题和方法越来越多地受到有英国教育背景的思想家的深刻影响。

在这个世纪的前 25 年，巴黎哲学界最重要的人物是简登的约翰。与他志同道合的学术团体将阿威罗伊版本的注释视为理解亚里士多德思想无可取代的必要工具，1277 年这个团体曾经被判处禁言（参见前文），如今，他们重新开始发声。约翰非常推崇阿威罗伊，始终致力于确保在不考虑神学问题的情况下阐述亚里士多德的观点，他采用论辩的方式写出大量评论文章，其中包括具有重要意义的《关于亚里士多德〈形而上学〉的疑问》（*Fragen zu Aristoteles' Metaphysik*）和《关于亚里士多德〈论灵魂〉的疑问》（*Fragen zu Aristoteles' Buch über die Seele*）。凭借这两部作品，他对意大利北方和中欧地区的各所大学产生了巨大而持久的影响。约翰的一位朋友是帕多瓦的马西利乌斯，他是巴黎哲学院的教帅和院长，于 1324 年发表了一篇具有划时代意义的哲学政治论文《和平的保卫者》（*Verteidiger des Friedens*）。在这部作品中，马西利乌斯系统地分析了政治权力的结构，即立法者、法律、政府以及它们之间的相互关系。他将立法者定义为通过政府表达意愿的全体公民。成文法的束缚力应该来源于公民的意愿，必须确保维护和平生活。因此，世俗权力不应该服从于教会的权威，更重要的是，教会也应该与世俗社会一样，将神职人员的权力合法性理解为来源于全体信徒。马西利乌斯在当年受到了猛烈的抨击，不得不与简登的约翰（通常被认为是这篇论文的作者之一）逃到巴伐利亚的路易国王那里寻求保护。

还有一位教授像这两位学者一样，都是在哲学系度过了整个职业生涯，他就是约翰·布里丹。布里丹格外擅长逻辑学，他的《辩证法纲要》（*Abriss der Dialektik*）到中世纪晚期已成为这一学科的教科书。在为亚里士多德作品写的注释和辩论文章中，他经常遵循当时英国的哲学传统，善用语言分析方法。布里丹代表的是一种独特的本体论，他在元语言分析中格外重视科学术语，直到16世纪之前，他的理论学说在中欧地区的大学里非常受欢迎。其中，维也纳大学（1365）首任校长萨克森的阿尔伯特和海德堡大学（1385）首任校长英格恩的马西利乌斯都很注重推行他的“术语理论”。他还有一个非常新颖的思想就是“冲力说”，这是在他研究亚里士多德的力学理论时取得的思想成果，由此可以更确切地解释抛射物的运动规律。与亚里士多德认为的“抛射物是由空气的力量推动”的观点相反，布里丹提出一种假设：运动物体受到的冲力强度取决于速度和质量。不过，他并没有设计出这一参数所需的数学计算方法。在这一时期，即使对亚里士多德最好的注解学者来说，物理学仍然只是一门用于定性的学科，墨顿学院教授团体进行的运动学计算也无法改变这一趋势。当时还是有人尝试采用几何形式展现数量上的变化——例如速度随着时间推移或质量增大而发生的变化，他就是曾经当过哲学教师的尼克尔·奥里斯姆，后来又改行为神学教师。从1364年起，一直到去世之时（1382），他始终在法兰西国王查理五世的宫廷里担任自由职业哲学家。通过将亚里士多德学派的伦理学、政治学、经济学翻译成地方民间语言，以及写出了天文学著作《天地通论》（*Livre du ciel et monde*），他从基础层面推动了法语哲学术语资源的形成。在他完成的大量拉丁文著作中——其中大部分都是自然科学作品，奥里斯姆经常主张与亚里士多德主义的流行观点保持距离，例如假设在上帝创造的宇宙之外还有无限的空间，地心说与日心说模型的可互换性，将时间理解为一种实体存在。他的广泛兴趣还延伸到理论音乐、占星术和货币理论，这也标志着一种新型学者的出现，他更倾向于面向广大的受众，而不是狭窄的高校专家圈子。德国学者康拉德·冯·梅根伯格也具有相似的特点（虽然总体水平略差一些），其实在当时的意大利的各个城市和宫廷里，经常会遇到这类知识分子。

即使是在巴黎的神学院里，新思想也在四处传播。

世界与自然秩序的偶然性，对上帝无限权力与自由的捍卫，直觉作为确定性的来源，精神以外存在的奇点，语言分析作为解决科学问题的最佳工具——这些基本学说分别以各种形式出现在这场思潮中。在方济各会的教授里，像昂维克的威廉、纽卡斯尔的雨果和梅罗讷的法兰西斯，这些人继承的是约翰·邓斯·司各脱的思想遗产。彼得·奥里奥尔虽然也属于方济各会，但他却质疑司各脱提出的“个体事物都可以用理性直接认知”，并假设了一种抽象的概念认知理论，即使在无须考虑客体外观表现形式（esse apparens）的情况下，主体的认知能力也完全可以想象个体事物。不过，牛津背景的神学家在巴黎最重要的思想传播者应该是里米尼的格列高利。作为一名奥古斯丁主义者，格列高利的神学思想特征跟英国人相同，都采用命题方法，但与奥卡姆的威廉还是有区别的。他认为，人们从神学语句中领悟出的启示，只不过就是语句本身而已。但他与沃尔特·查顿（只需理解字面直接表达的含义）又有区别，他声称神学命题应该是一种唯有通过复合型言语（所谓的 complexe significabile）才能解释的存在于精神之外的关联。这个理念引起了强烈反响。因此，在神学界就像在自然科学领域早已出现过的，也开始流行一种趋势：通过对语句进行形式方面的语言–哲学分析，取代此前对内容方面的诘问。

与这种潮流背道而驰的是多明我会，他们一向沿袭的是托马斯·阿奎那的神学传统，在这个世纪的前几十年里，多明我会在赫维斯·纳塔利斯的领导下，致力于推行一种统一的教团神学，例如在关于圣普尔坎的杜兰杜斯学说的讨论中，教团提出此人在对《箴言四书》的注释中犯了一系列错误，杜兰杜斯不得不宣布收回所有偏离托马斯主义的观点（关联性、主动理智、个体化原则）。教师雅各布·冯·梅茨也被迫保持沉默。这些措施推动形成了一个托马斯主义者（via Thomae）学派，在此后的几个世纪里，该学派传遍了整个欧洲［约翰·卡普雷奥吕、海因里希·冯·戈尔库姆、彼得·尼格里、托马索·德·维奥（枢机主教迦耶坦）］。

在这一时期，巴黎哲学界唯一一位仍然比较有影响力的重要人物是欧特尔库的尼古拉，作为一名哲学系教师，他曾经也是一名神学学生。1340 年，他不得不在阿维尼翁的教皇法庭为自己辩护，因为他在一篇论文《有序的要求》（*Exigit ordo*）中提出过一些近似异端的观点。这篇文章如今只残留下一点内容片段。尼古拉确信，在条件从句中，只有当结果与前提条件完全相同时，结论才具有说服力，因此他将依据既定因果关系或偶然性实体即可得出结论的必然性假设降低为或然性。1346年，尼古拉斯遭到谴责，不得不宣布收回自己的学说。

德国的“神圣之人”

在大学领域，14 世纪初的德国仍然只是一个欠发达地区。那里唯一的高等学府就是大阿尔伯特于 1248 年在科隆创建的多明我会大学。在隔了整整一个世纪之后（1348），在神圣罗马帝国的边缘地带才成立了布拉格大学，随后又在维也纳（1365）、埃尔福特（1379）、海德堡（1385）和科隆（1388）陆续成立了大学。这类大学的形成源于早些年形成的具有重要意义的学术团体。例如在这个世纪初的埃尔福特，哲学教师托马斯·冯·埃尔福特在其论文《论意谓形式》（*Traktat über die Bedeutungsmodi*）中，将古代的摩迪斯泰学派理论进行了总结归纳。在维也纳，康拉德·冯·梅根伯格于 1350 年完成了一部百科全书式的德文著作《自然之书》（*Buch von den natürlichen Dingen*），全书贯穿了大阿尔伯特的学术思想。此外，在一些教会学校里，还有些神学教授在某些领域脱颖而出，例如加尔默罗会修士比克的希尔伯特，在科隆甚至曾获得埃克哈特大师的认可，还有像奥古斯丁主义者弗里马尔的海因里希、斯特拉斯堡的托马斯和约翰·希尔塔林根这些学者。然而，当时德国哲学界最重要的学者其实还是科隆高校圈子里的多明我会修士。14 世纪的最初十年，利希滕贝格的约翰内斯·皮卡尔迪曾经在科隆任教，然后于 1310 年在巴黎获得博士学位，成为大批严格信奉托马斯主义的多明我会教友的领军人物。弗赖贝格的迪特里希和霍赫海姆的埃克哈特这两位教授与大阿尔伯特的学术传统更为相似。前者曾于 1296/1297 年在巴黎担任教师，后者则于 1302/1303 年和 1311/1313 年两次步其后尘。这两位学者在巴黎几乎没有什么影响力，但在德语世界却引起巨大反响，这两人连同其理论学说在内同时成为广泛讨论的关注焦点，这导致埃克哈特受到严厉谴责。

在这两人中，霍赫海姆的埃克哈特大师在向更多受众普及个人学术观点的尝试中最为坚定执着。他那些拉丁文作品（绝大部分都是《圣经》的注释）是作为学者履行职责而发表的，与此同时，从其学术生涯一开始，他就坚持采用地方民间语言撰写一系列高质量的文章，例如《教诲录》（*Erfurter Reden*）以及在编辑过程中篇幅越来越长的《讲道录》(*Predigten*)。1315年，他又完成了《论属神的安慰》(*Buch der göttlichen Tröstung*)一书，这是一部完全用德语写成的哲学经典之作。埃克哈特提供的“安慰”来自我们现实观念的彻底颠覆。他通过分析“公正”(Gerechten)与“公正性”(Gerechtigkeit)之间的关系阐述这一理论。公正通常被解释为质量（公正性）与实体（公正的人）之间的内在关系。可是在现实中，人们最多只能理解为某个符合公正定义的事物及其理由（公正即存在于公正性中）之间的关系，或者是副本与其原型之间的关系。根据埃克哈特的观点，事实证明，亚里士多德的范畴学说在解释上帝的完美性时存在严重不足。如果一个人是公正的，那么他本身就具有公正性，当然，前提条件是此人确实是公正的。当自己被指控具有泛神论思想时，埃克哈特通过坚持上述最后一句话的含义为自己辩白：公正之士不仅是公正的实体，更是（在时间和空间上特定的）一个人。不过，此人作为完美性的拥有者，其完美性本身“没有由此增多，也没有由此减少”。

按照埃克哈特的判断，借助对道德事实（公正、善）进行哲学分析，从中得出的结论适用于一切常规概念：存在、真理、统一等。从这个角度来看，任何事物在本体上的一致性似乎都取决于它与完美之间的关系。如果事物具有完美性，则应该归功于上帝；另一方面，如果该事物被视为一种自给自足的实体，那么它就会变成纯粹的虚无,因此也远离上帝。由“人类常识”所幻想出的、在时间和空间上特定的单一事物（“这个和那个”）所具有的自给自足状态，实际上是一种虚假的现实，只不过是一个在无神世界里欺骗自己的幻象。当然，人类也会在上帝的真实存在与受造物时空造成的虚无之间反复徘徊。然而，作为一个会思考的主体（理智，intellectus），人类早晚都能发现推动自己与上帝联系在一起的纽带，以及上帝在创造万物时的存在：一旦出现这种醒悟的意识，就意味着实现了与上帝的统一。埃克哈特认为，由此促成人类对上帝和真正本质的重新定位是“神圣之人”获得平静与“神的安慰”的根本原因，而这正是他写的所有《圣经》注释、无数次的布道演讲、拉丁语的大学论辩以及德语论文的核心宗旨。有人曾经将埃克哈特所说的“统一”学说归属到基督教神秘主义的传统中，不过，埃克哈特本人更热衷在其作品中引用斯多葛派的理论（“思想火花”）和摩西·迈蒙尼德的权威论述。他在《〈约翰福音〉注释》（*Johanneskommentar*）中阐明了自己的学术纲领，他希望“在自然哲学的理性基础上弘扬

《圣经》的真理”，并强调他的理论适用于“每一位理性之人”。其中，埃克哈特将自然理性看作人类的本质，亦是人神合为一体的“场所”，并将其置于理论思考的中心地位，同时他还修正了迈蒙尼德宗教哲学中强烈的精英主义特征。因为他传播改革理论的受众对象并不是精英圈子里的同事、行家或成功人士，而是拉丁语和德语的读者，甚至是只能听口头演说的文盲群众。

对理性的思辨同样也是弗赖贝格的迪特里希的核心话题。作为埃克哈特的教友，他延续了大阿尔伯特在德国的学术传统。但与埃克哈特不同的是，迪特里希所发表的作品中有很大一部分都是纯粹的自然科学主题。在《论彩虹》（*Traktat über den Regenbogen*）一文中，他首次对主虹与副虹的颜色进行了几何光学分析，通过在弧形水滴内对太阳光线进行各种折射和反射实验，总结出自然现象的内在关联。在《论自然事物概念的起源》（*Über den Ursprung der Begriffe der Naturdinge*）一书中，迪特里希将自然事物的属性一律简化为质与量这两种标准，并且认为在其余的偶然性领域内，科学理性具有一种自发形成的关键功能，甚至可以决定事物的本质。因此，通过经验掌握的所有可知现实都可以归功于智力活动，是智力活动产生了整个科学概念体系，并赋予其客观性。迪特里希在对理性进行深入思考时，围绕的是一个神学关键词："神的肖像"（Gottesebenbild），也就是坚信"灵魂中的上帝形象"与亚里士多德的"主动理智"、奥古斯丁的"心灵的内在转向"以及普罗克洛斯的"理性实体化"都具有一致性。根据迪特里希的观点，上述三位学者的思想和《圣经·创世纪》是完全一致的，人类的理性并非灵魂独有，而是一种完美的、纯粹的智力物质，从上帝那里流溢而出，通过在实践中不断进行自我回顾，逐渐形成自己的原则。迪特里希与埃克哈特同样提出"上帝即理性"这一观点。但两位学者的认识途径不尽相同，埃克哈特将人类理性的被动服从（超脱）视为"上帝在俗世的诞生"的前提条件，而迪特里希则认为理性始终具有能动性，而且可以抵御人对本质原则的背离，推动人们在未来生活中进一步接近上帝的幸福愿景。两位学者的共同理念是，人类的尊严需要建立在哲学基础之上，同时必须依赖自然的和神性的原则（理性）。

迪特里希和埃克哈特的哲学理论在德国的传播相当广泛。唤醒"隐藏在灵魂中的贵族"是约翰·陶勒尔成功宣讲布道的主旨。埃克哈特的学生海因里希·苏索在《论真理》（*Buch der Wahrheit*）和《论永恒的智慧》(*Stundenbuch der Weisheit*)中为正统教义及其导师的学说大加辩护。科隆教师伯托德·冯·莫斯堡遵循的是迪特里希的研究之路，并在对普罗克洛斯的《神学要义》进行详细批注的系统框架内深化自己的理性哲学。伯托德尤其推崇柏拉图主义的“神圣哲学”(divinissima philosophia)理论；他发现普罗克洛斯与伪狄奥尼修斯之间存在相似之处，并在普罗克洛斯学派的《神学论文集》阐述的“太一论”思想中找到了超越亚里士多德主义的关键要点。普罗克洛斯告诉人们，“主动理智”预设的前提条件是一种为万物本质提供基础的内省式原则：“灵魂的太一。”在“太一”的思想中，思想者可以成为“神圣之人”。伯托德认为，这一理论继承了柏拉图的哲学遗产，体现了新柏拉图主义形成之前的首批哲学家的思想成果，而现在有必要恢复这一被遗忘的理论传统。在伯托德的努力下，埃克哈特的改革计划被拉回到神话般的古典主义哲学“黄金时代”。

希腊、阿拉伯和希伯来哲学的讨论

在整整一个世纪里，高级僧侣格列高利·帕拉马斯都是拜占庭帝国最重要的哲学名人。他曾研究过古希腊哲学，主张严谨并完整地将亚里士多德的逻辑学思想应用于一切神学问题。从表面上看，他的这一立场似乎深受拉丁经院哲学的影响，而实际上他的主张完全起源于东方学派本身的传统，只是在表面上像一个“理性主义者”。因为对帕拉马斯来说，神学的逻辑思考只是通往更高阶路径的入门工具，这条道路可以实现接近上帝的神秘体验。帕拉马斯比较关注在他周围出现过的相关范例，也就是那些当时在东方教会中广为流传并备受敬重的“静修派”运动的信徒。静修主义者效仿的是沙漠教父[①]的古老传统，在沉思中实现 hesychía（“平静、安宁、孤独”）的理想；他们的生活特征就是持续坚持默祷，同时也希望自己有朝一日像塔博尔山[②]上发生的神启那样，感受到神圣之光。静修主义精神的发源地是阿索斯圣山。帕拉马斯本人也在那里隐修了很长时间，因此他也成为这场运动的代言人和理论家。静修主义者在神学思想方面非常保守，对任何教义问题都拒绝向罗马教会

① 沙漠教父，在公元 3 至 4 世纪的基督教早期，有一批极为虔诚的信徒远离城市，隐居在埃及沙漠中进行精神苦修，人称“沙漠教父”，代表人物是圣安东尼。——译注

② 塔博尔山，位于以色列北部，又被译为大博尔山、他泊山，据《圣经》记载，耶稣曾在这里“显现圣容”，“发出明亮的光线，显示出神的容貌”。——译注

妥协，而罗马教会反过来却很低调地对这一教派的做法表示赞赏。帕拉马斯将已成为静修派神秘主义核心术语的“塔博尔山之光”解释为人与上帝的精华能量实现的真正的、仁慈的结合。其中，人类内心的眼睛最终必将看到上帝，不过，为此也需要身体上的苦修以及心智上的反思加以磨炼，而逻辑学则作为确定性的思想依据，在神学争议中具有不可替代的作用。

但是，即使在拜占庭教会也不是所有人都赞成这些理念。其中有些人，例如新柏拉图主义者尼基弗鲁斯·格雷戈拉斯就反对在神学讨论中使用三段论逻辑推理。曾在卡拉布里亚的圣巴西勒修道院受过教育，并凭借博学而在君士坦丁堡宫廷颇具声望的东正教僧侣塞米纳拉的巴拉姆对此也表示难以理解。巴拉姆还非常精通西方思想，倾向于支持伪狄奥尼修斯的否定神学。因此，他对亚里士多德的逻辑学持比较冷淡的态度，并认为逻辑论证在神学领域只能起到辅助的作用而已。在他看来，神学家们用于支持各自教义分析的那一系列权威文献——尤其是圣灵发生论更是固化了教会的分裂状态——充其量只是一堆辩证的和中立的论点大杂烩。巴拉姆还对静修派进行灵修时的夸张行为表示无法理解，尤其是凝视着自己肚脐进行长时间祷告的方式。至于“塔博尔山之光”，巴拉姆认为所谓人们可以真正“看到”上帝的理论纯属迷信。他从不掩饰自己的上述观点，因此帕拉马斯就用一场激烈的辩论来回应他，并于1341年凭借宗教会议对巴拉姆进行公开谴责，最终大获全胜。巴拉姆作为落败的僧侣只能利用自己与拉丁世界的良好关系，移居到阿维尼翁的罗马教廷，在那里继续与包括弗朗西斯科·彼特拉克在内的很多人保持着友好的交往。

帕拉马斯和巴拉姆的经历体现出两个世界的激烈碰撞。前者在去世后（1359）被封为圣徒，并且在此后的几个世纪里一直是拜占庭神学体系内的重要人物。不过，与此同时拜占庭也对西方产生了兴趣，借助从拉丁语到希腊语的翻译，一个对经院哲学文献展开讨论并且成果丰硕的时代开始了。在这一领域，德米特里·西多尼斯做出的贡献格外值得一提，他为拜占庭引入托马斯·阿奎那的《反异教大全》《神学大全》以及其他论著，从而为后来托马斯主义在东方世界的传播奠定了先决条件。他和他的兄弟普克欧罗都拒绝接受静修主义，对拉丁文明持有睿智、开放的世界主义态度，因此也实现了他与意大利人文主义者的接触和合作。他们将古希腊视为共同的精神家园。他们的学派对意大利文艺复兴的哲学成就做出了重大贡献。

14 世纪，拜占庭的哲学发展始终摇摆于孤立主义倾向与尽量向西方谨慎开放之间的紧张对峙状态中。与此相反的是伊斯兰世界，人们发现那里已经处于长期性的与世隔绝状态。在西班牙，自从阿威罗伊去世之后，将阿拉伯哲学进行希腊化的文化传统开始变得举步维艰，阿拉伯人和拉丁人之间的翻译活动和科学交流很快就中止了。拉丁人对伊斯兰世界的东部地区具体情况一无所知。也许这就是为什么时至今日仍然有很多人认为，阿威罗伊是阿拉伯哲学生命周期走向终结的标志，而此后的伊斯兰教只剩下神学研究，以及对知识与科学的敌对氛围。实际上，在此时的东方世界，一种深受阿维森纳影响的“智慧哲学”仍然在发展，不过其中涌现出的著作始终没有被翻译过来，因此这超出了西方的观察视野。这种学说围绕的是 hikma（智慧），而不是 falsafa（哲学），但这种“智慧”的承载者往往是科学家、医生和统治阶层的顾问。在阿拉伯人的哲学领域里，逻辑学始终是一门得以深入研究的学科。他们在 13 世纪探讨过形而上学和宇宙学的议题。到了 14 世纪，则主要围绕着备受尊敬的阿维森纳的著作以及（在少数情况下）苏赫拉瓦尔迪思想开展研究。在托马斯·阿奎那和奥卡姆的威廉的时代，在突尼斯、叙利亚和波斯之间，阿拉伯哲学远没有消亡。

阿维森纳有一部非常特别的著作始终未能被翻译到拉丁世界：《指示与评论书》（*Buch der Ratschläge und Erinnerungen*），这本书也经常成为学术争议的焦点。法赫鲁丁·拉齐在13世纪初为这本书写了大量批判性的注释。在此后的数十年里，赛义夫丁·阿米迪和杰出的科学家纳绥尔丁·图西始终在为阿维森纳进行辩护。在安达卢斯长大的伊本·阿拉比受苏菲派神秘主义和禁欲主义思想影响很深，他后来移居到了叙利亚，并于1247年在那里去世。伊本·阿拉比认为上帝的本质是不可认知的，同时他将创世和宇宙的运行理解为上帝展现其力量与“名义”的动态时刻。人类有可能被上帝的动态潮流吸收，并与宇宙神秘地实现合二为一。

在这一时期的阿拉伯哲学家，有人对众所周知的学术立场表示支持，同时也有人在尝试探寻妥协折中的解决方案：伊本·泰米叶仍然对于在神学研究中使用逻辑方法大加批评，而库特布丁·设拉子则建议将阿维森纳和苏赫拉瓦尔迪这两种主流思潮加以调和。在14世纪后半叶，一位非常具有开创意义的重要思想家登上了伊斯兰世界的历史舞台，即伊本·赫勒敦。他曾经作为政治顾问和教师，活跃于突尼斯、格拉纳达和开罗之间，同时还撰写过一部世界史巨著[①]，在这本书的第一卷（序篇）中，他从社会学的视角研究了社会兴衰的周期变化规律，并通过强大的“部族群体感”洞察出农耕－游牧社会具有历史活力的根本原因，但他也察觉到，由于城市化社会的结构日益复杂，亲族身份属性必将逐渐削弱，由此也将导致出现社会冲突，并频繁造成历史危机。从其分析的深度和史学见解的敏锐度来看，伊本·赫勒敦这部伟大的作品完全达到了拉丁世界在文艺复兴初期的史学水平。

发生在拜占庭的冲突表明，哲学和神学讨论也可以在大学之外展开。与此同时，在拉丁文化世界也是如此，各种各样的民间习语和地方性机构（城市、宫廷、学院）开始逐渐呈现区域化和碎片化趋势。此类现象首先出现在意大利半岛，我们很快就会探讨这个话题。同样值得一提的是，随着犹太人在西班牙社会日益受到排斥，不得不选择移民到普罗旺斯时，他们在那里形成了一种重要的区域文化传统。阿维尼翁的教皇法庭吸引了一批学识丰富的犹太人，其中很多人都受到阿威罗伊理论的影

① 即《阿拉伯人、波斯人、柏柏尔人古今历史大纲》。——译注

响，例如哲学家以撒·阿尔巴拉格在其作品中一贯提倡理性主义，并远离卡巴拉主义的神智学传统，同时还远离神迹崇拜和民间信仰，并将哲学视为对真理的追求，属于人性中最完美的形式。持有同样观点的还有摩西·纳伯尼，他是佩皮尼昂的一位博学多才的医生，同时更是阿威罗伊作品的解读者。在这一区域性哲学传统中，最有趣的作品应该是六卷本的《主的战争》(*Die Kriege des Herren*)，莱维·本·热尔松写成此书时，正是埃克哈特在阿维尼翁受到谴责的那一年(1329)。这本书是莱维针对各种谬误展开哲学之战的有力武器，其中主要涉及下列议题：灵魂的不朽与理性的本质、预言、对个体事物的神性认知、天命、天文学、创世说与世界的永恒性。热尔松采用的是严谨的理性主义方法，明确以哲学的研究结果与《圣经》的真理之间保持完全一致为前提条件，当然，在出现明显冲突的情况时，也需要适当做一点比喻性的阐释。热尔松以尊重和理解的态度探讨了与宗教传统相关的问题，但他在职业中始终展现出一位注重实践的优秀科学家所具有的可贵品质。他将自己定位为引导人类知识进步的漫长链条中的一个环节。他支持的是阿威罗伊和大阿尔伯特关于“被动理智”和精神幸福的科学思想与伦理愿景。

意大利城邦与人文主义运动的开端

从传统来看，位于意大利北部和中部的大学哲学系都在为未来的医生提供预科培训，并不侧重于培养青年神学家。在博洛尼亚大学以及采用博洛尼亚式传统校规的大学（帕多瓦、锡耶纳），神学系都成立得比较晚，而且始终处于边缘地位。像 1277 年巴黎主教谴责过的那种阿威罗伊主义激进思想在这种环境中很容易引起共鸣，同时四处传播。维护哲学研究的自主性与哲学生活高人一等的理念相互融合，进一步实现了教授们作为知识阶层的社会地位合法化。对医生们来说，来源于阿拉伯的自然主义世界观具有天然合理性，受占星术影响的评估方式在当时医生们的诊断和治疗中具有决定性作用。

这些现象不可避免地导致哲学界与那些担心偏离正统基督教思想的神学家发生冲突。例如对帕多瓦的医生兼教授彼得罗·达巴诺来说，自然科学和医学问题是他的关注重点，他曾翻译过亚里士多德主义的著作《论问题》（*Problemata*），还写过《调停者》（*Versöhner der Unterschiede zwischen den Philosophen*）和《星相大成》（*Erklärung der Zweifel in der Astronomie*）。他认为基督的“复活”在医学上可以解释为假死现象，当然，为此他也不得不接受了一次危险的异端审判（1315）。而占星学理论则导致他的同事博洛尼亚的教授切科·达阿斯科利被判处火刑（1327）。博洛尼亚的教师包括安杰洛·阿雷佐、马太·皮亚琴察、塔德乌斯·帕尔马和马太·古比奥，在为亚里士多德作品写的注释中，体现出的是阿威罗伊主义的解读方式。在这一时期，教授们经常参与地方上的政治生活，针对神学家们对意识形态的控制要求进行自我辩护，这些在政治领域则体现为政教分离的要求。帕多瓦的马西利乌斯（参见前文）就来自彼得罗·达巴诺的学校，这当然并非巧合。

在意大利语地区开展的哲学讨论中，人们普遍对实践哲学与政治哲学的议题更感兴趣，而且参与讨论的不仅包括用拉丁语写作的教授们和神职学者，还包括当时在文化领域也日渐崛起的富裕市民阶层，后者相互之间都用民间方言进行交流。

新兴的社会阶层开始逐渐发声。在这种发展趋势中，一个标准范例就是佛罗伦萨著名诗人、《神曲》的作者但丁·阿利吉耶里，其实，他同时还是一位写过大量哲学著作的学者。虽然但丁并不是职业哲学家，也没有接受过正式的大学教育，但他精通学术语言，并在佛罗伦萨的教会学校里遇到了帮助他实现高水平教育的对话者和讨论者。他本人曾在《飨宴》（*Gastmahl*）中讲述过，在他年轻的时候，曾经借助阅读波爱修斯和西塞罗的哲学著作，走出过一次严重的人生危机，是《哲学的慰藉》和《论友谊》（*Laelius über die Freundschaft*）治愈了他。对但丁来说，Filosofia（哲学）首先应该是生活指南，应该把“热爱智慧”和“接近上帝”当作最高的智慧。这并不是大学学术辩论中的最新观点，而是呼吁复兴近几个世纪行之有效的古老传统。但丁认为，通过实践巴黎和博洛尼亚学术传统中的亚里士多德和阿威罗伊理论，完全可以更新这一传统。根据亚里士多德提出的“求知是人的本性”观点，他尝试将理性和“被动理智”加以组合的原则融入政治和文化项目，从而在人类知识普遍进步的背景下，为实现个人的现世幸福创造条件。而这些条件只有通过一个独立于教皇之外的普世君主政体才能实现，这就是但丁在其著作《论世界帝国》（*Über die Monarchie*）中论证出的观点。在《论俗语》（*Über die Beredsamkeit in der Volkssprache*）一书中，他采用了相似的纯理性主义论证方法，其中，他放弃了从神学角度进行的解释（“人类堕落之罪”“巴别塔事件”等），而是从人类学的观察视角，用人类在自身历史中的可变性来解释语言的多样性。哲学在其中体现为一种独立自洽的理性方法，更是公民美德的基础，通过将哲学付诸实践，可以为最大限度实现个人与社会层面的现世完美性开辟道路。这种从政治学和伦理学上对 13 世纪六七十年代巴黎“唯理智论”进行的修正起源于欧洲最富足的城市之一佛罗伦萨，作为这股思潮的先驱者，但丁不仅是诗人和作家，更是一位充满政治责任感的代言人和宣传大使。就像拥有埃克哈特大师的科隆一样，佛罗伦萨的哲学现在也开始面向更广泛的公众领域，包括文化素养逐渐提高的非专业人士和女性群体。哲学界的交流语言不再只是跨国通行的拉丁语，还包括区域性的民间语言。由此形成了各自独立开展讨论、探讨问题与参考文献的哲学“地区”。随着哲学讨论在国际性特征上的受限，其受众群体却在不断扩大，因为这些讨论使用的都是各种当地语言。

在但丁之后，新一代最伟大的诗人弗朗西斯科·彼特拉克也曾经徘徊在大学生活的边缘。除了在蒙彼利埃和博洛尼亚均未毕业的法学教育背景，他只保留了对古罗马文明成就的由衷钦佩，这一点同样体现在法学领域。彼特拉克始终以疏远和厌恶的态度看待大学知识，并且像但丁一样，自始至终都在学院之外完善自己的文化素养。他曾作为权势显赫的红衣主教科伦那的随从在阿维尼翁的教皇宫廷工作，从而有机会到欧洲各地寻找古代文献，拜访朋友，处理红衣主教的事务，在他人生的最后几十年，都是作为贵宾在米兰、帕多瓦和威尼斯之间波河平原的上流社会度过的。

彼特拉克和但丁一样，都坚信知识分子在社会中应该发挥重要作用，有义务表达哲学立场。不过，时过境迁，哲学界的参与者早已发生变化，但丁在他的时代还可以参考使用亚里士多德传统的专业术语，而到了彼特拉克的那个时代，他在学院哲学中只看到无用的口头讨论，偏离了哲学的真正目标，那本应是和谐与道德生活的指南。他呼吁人们应该按照西塞罗在古代定义的“热爱智慧”与“美德指导”对哲学进行改革。他从未系统地集中阐述自己的这些观点。然而，彼特拉克和他的朋友们充分意识到这种回归古典时代的复兴潜力，他的朋友科卢乔·萨卢塔蒂明确称赞他是一位真正的哲学家，通过他的观点反驳亚里士多德主义，“亚里士多德主义者在学校里欣赏的都是那些傲慢轻浮的当代诡辩家”。在语言观念上的巨大差异，也让彼特拉克与传统哲学分道扬镳：经院哲学一贯主张从逻辑性－功能性的角度理解语言，侧重论证过程的严谨性，而彼特拉克则完全相反，他主张一种修辞学视角的实用主义语言观，提倡以古罗马为典范，关注语言的教育、政治和民事职能。这也是诗歌对哲学应有的意义。彼特拉克通过持之以恒的努力，用新一代的对话、书信、史诗和自述取代了传统大学式的思辨表达方式。

针对“现代人”的野蛮语言发起论战，提倡回归古典时期，将人文艺术（humanae litterae）提升为彼特拉克改革计划的重点内容之一，这些举措都体现在一场扩展到整个意大利半岛的人文主义运动之中，并在下一个世纪深刻影响了城市与宫廷的文化世界。政治家、宫廷官员、作家、学者和神职人员都将彼特拉克的理想奉为楷模。虽然这个世纪下半叶的大学也涌现出像帕尔马的布拉修斯和保罗·威尼托等在全欧洲具有影响力的创新型学者，但大学还是被人们污蔑为“野蛮人”的大本营，死抱着教条思想和空洞无用的知识不放。这一时期的人们希望用全新的视角和文献学方法来处理古典文献。这些古籍被解读为一个文明价值体系的历史记录，人们可以从中找到评估当前情况、为未来寻找新答案的某种标杆。

如何在美德（virtus）与幸福（Fortuna）之间的对立冲突中，处理好公民的个人责任，这种道德哲学也是彼特拉克的年轻朋友科卢乔·萨卢塔蒂思考的核心问题，他出身于公证人行业，在 14 世纪最后 25 年里一直担任佛罗伦萨共和国的执政官。萨卢塔蒂生活在一个盛行奥卡姆主义“唯意志论”的思想环境里，从这一神学立场出发，他阐述了人类在政治、历史与司法世界中各种行为的人类学后果，并认为这些行为作为哲学研究的理想对象，可以从修辞和诗歌中汲取营养。

第七章

展望：15世纪

中世纪究竟在什么时候结束，中世纪哲学到何时为止？截至目前，关于这个问题的答案也是众说纷纭，以至于人们可能开始怀疑：从历史的角度看，这一问题是否有探讨的价值，甚至是否还有意义。那些希望将中世纪晚期和近代早期视为一个连续统一体的人，往往会强调相关制度、哲学议题以及哲学工作方式的长时段特征。他们提醒人们需要注意宗教作为社会核心要素的重要地位并没有减弱，甚至即使是近代科学中最具创新意义的理论也将宗教视为一种逐渐发展成熟的结果，而这一发展过程的根源就来自经院哲学晚期的学术讨论。还有一些人则认为，近代产生于一种范式的转变过程，人文主义运动、文艺复兴或宗教改革的思想都对此发挥过作用，同时，还需要注意人们对古典时期或《圣经》产生的新观点，或许还应该注意的有无人知晓的古希腊自然科学文献和哲学典籍在中世纪被首次翻译过来，新兴异教思潮的传播，在整个欧洲出现的政治、商业和经济结构变化，以及势不可挡的世俗化思潮。

然而，从整个哲学史的角度来看，这种关于中世纪何时结束的简单答案恰恰都是以"一元论"的视角为前提的，本书的前言已经表明对这种观点持敬而远之的态度。换言之，按照这种观点，中世纪思想史被比喻为一种"生物形态模型"，这段历史类似某种生物体的生命周期，包括出生、成长、成熟、衰老和死亡，由此为新生命腾出空间。这样的"生物性"历史叙事并不是这本书的任务，也不符合目的论角度的假设前提，这种叙事方式让哲学史的一系列成就看上去只是"意见的画廊"（黑格尔），更何况这与根据历史叙事本身进行"理解认知"的评估结果并不一致。

在这种情况下，对于早已终结的经院哲学思想，也许更应该将假定的统一体拆分为便于理解的地域化叙事，以便确定哲学史的连续与间断、新观点与旧观点、问题和答案。在进行这种历史叙事时，首先应该注意的是，不同地区的哲学讨论在深度和创新性方面也截然不同。例如在15世纪，伊斯兰世界仍然在延续阿维森纳的传统，其中包括在伊拉克影响力较大的伊本·阿比尔–久姆杜尔·阿尔–阿赫沙伊和贾拉丁·阿尔–达瓦尼。而拜占庭地区的形势则大相径庭，这里在14世纪下半叶形成僵化的两派对垒局面，一派是遵从托马斯·阿奎那理论、反对静修主义的德米特里·西多尼斯学派（参见前文）；另一派是神学家们，仍然以传统的名义拒绝接受西方思想，反对向罗马教会做出任何妥协。其中，后者最著名的门徒包括尼尔奥斯和尼古拉斯·卡巴希拉斯、德米特里·赫里索洛拉斯、卡里斯托斯·安吉利库德斯和约瑟夫·布莱恩尼奥斯。而主张对拉丁世界持开放态度的神学家和哲学家在拜占庭只是少数群体，但其成员包括很多理论天才和优秀学者，例如曼努埃尔·卡莱卡斯、马克西莫斯和安德烈亚斯·赫里索伯格斯、曼努埃尔·赫里索洛拉斯、塞奥多罗斯·加扎和贝萨里翁。这一学派的代表人物普遍与西方学者保持着联系，经常改宗加入罗马教会，擅长借助自己的语言知识，从古希腊典籍中挖掘出新的文本进行交流，并在西方担任翻译和教师。

在东西方相互交流的这条长河里，费拉拉–佛罗伦萨大公会议（1438—1439）应该属于一次里程碑式的活动，来自希腊正教的近 800 名代表与罗马教会的代表会聚一堂，探讨如何解决 1054 年以来的东西教会大分裂问题。在传统主义者马可斯 · 欧根尼库斯为首的希腊正教代表团里，贝萨里翁也是成员之一，他曾经写过《驳谤柏拉图》（*Gegen die böswilligen Ankläger Platons*）一书，目的在于批驳托马斯主义者特拉布宗的乔治，并证明柏拉图哲学与基督教教义之间是可以兼容的。拜占庭代表团的另一位重要人物是乔治 · 格弥斯托士 · 卜列东，他在论文《论柏拉图与亚里士多德之间的差异》（*Über die Unterschiede zwischen Platon und Aristoteles*，1439）中也站在柏拉图的立场上反对亚里士多德，并尝试在佛罗伦萨掀起一场新异教运动。他的对手、皇家秘书乔治 · 斯科拉里奥斯也出席了此次会议，他是拉丁亚里士多德传统学派的杰出专家和代表人物。在会议上，人们重点讨论的都是神学问题：神圣的能量、人的神化、炼狱、神的异象等。不过，通过寻找相关论据以及讨论者本身具备的出色学术水平，由此也促进了人们对古希腊文献的重新发现，从而彻底改变了佛罗伦萨和意大利各个学术中心的哲学讨论方向。

贝萨里翁是古典时期新柏拉图主义的支持者，一直倡导柏拉图和亚里士多德学派之间实现和解。但是，围绕这两位学者展开的哲学争论几乎都是以二选一的方式发展成两极分化的状态。尤其是在人数不断扩充的知识分子群体中，对柏拉图思想感兴趣的人越来越多，他们往往都远离大学活动，拒绝对哲学进行专业理解。与学院派风格的亚里士多德主义不同，柏拉图认为同时兼具智慧和口才是可以实现的理想，而哲学则可以为政治活动、道德行为和生活提供典范和相关依据。在这个知识分子群体中，活跃在意大利的人文主义者包括莱昂纳多·布鲁尼、波焦·布拉乔利尼、安布罗乔·特拉沃萨里、莱昂·巴蒂斯塔·阿尔伯蒂、瓜里诺·达韦罗纳、弗朗切斯科·菲莱尔福和乔尔乔·瓦拉等人。不仅如此，这种摆脱大学圈子的哲学研究方式还传播到了意大利以外的地方。

在这方面，德国红衣主教库萨的尼古拉尤其值得一提。他来自一个富商之家，于 15 世纪 20 年代在海德堡和帕多瓦上大学，此后他开始了辉煌的教会生涯，1448 年被任命为枢机主教团成员。尼古拉接受教育的背景与新式人文主义传统关系不大，他自己几乎不懂任何希腊语，还写一种令人难以卒读的经院体拉丁文。但他有许多朋友都是意大利人文主义者，他像这些人一样在探寻新的哲学之路，而且他们都相信自己可以在大学的经院哲学体系之外找到出路。他第一次公开发表看法是1430年前后的一次学术布道，当时就已经尝试将各种神学思想和宗教形式组合成一种“原始哲学”（赫耳墨斯·特里斯墨吉斯忒斯、柏拉图、普罗克洛斯）。同时，他还提到了一些中世纪非主流传统的理论（雷蒙·卢尔、迈蒙尼德、肯迪，后来还包括埃克哈特大师）。在15世纪30年代末，尼古拉前往君士坦丁堡，就东正教派人出席费拉拉“合一”会议问题进行了成功的谈判。在他乘船从海路返回威尼斯时，一路同行的还有拜占庭帝国的皇帝、牧首、贝萨里翁、乔治·格弥斯托士·卜列东以及随行人员。在尼古拉的行囊里还装着一本厚厚的希腊手稿，这就是普罗克洛斯的《柏拉图的神学》，此书在当时的西方并不为人所知。

赫耳墨斯·特里斯墨吉斯忒斯、柏拉图主义者、卢尔——通过这些名字，尼古拉似乎有意识地与亚里士多德的逻辑学保持着距离，同时，他还远离与此相关的形而上学。他在1440年写成的重要作品《论有学识的无知》（*Über das wissende Nicht-Wissen*）也证实了这一点。尼古拉解释说，他是灵机一动想清楚的，迄今为止，为什么所有人的求知之路都只会引发毫无意义的争吵。那是因为他们都使用了一种求知方法，试图用有限的思维去研究无限的事物。人们普遍在奉行“非此即彼”原则时过于绝对化，由此阻碍了将宇宙、人类和上帝理解为一个统一体。人们尚未意识到的是，真正的知识其实知道自己的“无知”,这意味着应该知道理性是统一的，其中，对立面包括矛盾是可以统一的，为此需要区分不同的认识能力。他提出的这种新理念对神学、科学和人类学领域产生了深刻影响，尼古拉在其他作品中也对此进行了具体阐述，其中尤其重要的是《论猜测》(*Über die Mutmaßungen*)。

从神学的视角看，“有学识的无知”相当于回到伪狄奥尼修斯提出的否定神学。但是，如果将上帝理解为一个没有对立面的无限统一体，这将意味着整个世界都只是上帝自己的可见物。但是从自然科学的角度来看却截然相反，例如天体物理学和月球物理学的划分、化学元素的划分、静止和运动的局部确定等，那些人为划分的要素，干扰了人们借助理性发现统一世界的法则。毕达哥拉斯的数学应该被提升为所有自然科学的准则。在“有学识的无知”的基础上,尼古拉确定了宇宙的无限性，同时宣称“地心说”模式已经过时。他还揭示出有理性的人类才是衡量世间万物的标准，完全可以实现创造性的自我发展，无论是在实际生活中的自我设计，还是在抽象世界的理论发展，人类都在模仿上帝的创造力。

思考宗教的多样性与（唯一的）无限统一性之间的关系，是库萨的尼古拉在晚年时期格外关注的主题。在他看来，一切宗教都以不同方式体现出同一个真理，即上帝在世界和人类中无处不在，通过对理性的自我认识，让人们意识到这种存在，则相当于看到了上帝，在这种情况下，“看见”和“被看”是一致的。其中，库萨的尼古拉再次重申了埃克哈特大师提出的观点。

尼古拉擅长采用对话形式和简洁明了的短篇论文阐述自己的哲学理念。这与大学哲学系和神学系那些不知疲倦地撰写批注和论辩文章的教授截然不同。当然，如果人们看到这些学术作品在印刷术发明之后所获得的流通空间，也许不难发现，大学世界的实际情况与库萨的尼古拉指责的“伪知识界”完全相反：布里丹主义、奥卡姆主义、托马斯主义、阿尔伯特主义、司各脱主义、现代和古典之路……这种笼统的命名方式可能会让人忽视大学里的重要学者发挥的重要作用，例如在巴黎纳瓦尔学院任教的皮埃尔·德埃利，或者他的学生约翰·格尔森，后者依据“双重逻辑”和“神秘神学”的理念总结出反亚里士多德主义的思想。彼得罗·彭波那齐曾在帕多瓦大学和博洛尼亚大学工作，伽利略·伽利雷则曾经在帕多瓦大学和比萨大学教书，教师始终都是一种备受尊敬的职业，乔尔丹诺·布鲁诺就曾多次努力（但未能成功）争取这份荣誉也证明了这一点。不过，到了 15 世纪，哲学讨论的视野越来越多地转移到在大学之外翻译出来的文献上，其中只有一部分适合用于经院哲学的课程：第欧根尼·拉尔修的《名哲言行录》（*Philosophenleben*）、柏拉图、普鲁塔克、伊壁鸠鲁、帕波斯、提奥弗拉斯特、阿基米德、普罗提诺、辛普利西乌斯、斐劳波诺斯、杨布利柯的作品，还有《赫耳墨斯秘籍》（*Corpus Hermeticum*）和《迦勒底神谕》（*Chaldäischen Orakel*），还包括一些被人重新发现的古代拉丁典籍（卢克莱修、西塞罗）、新译的亚里士多德的伦理学和政治学文献。

哲学家们的藏书室早已发生变化，这也为哲学研究开辟了新的领域。中世纪的经院传统在各所大学仍然延续了几个世纪，当然，最富洞察力的知识分子已经意识到，世界形势早已发生天翻地覆的变化，知识的旧坐标必须更新。鹿特丹的伊拉斯谟在 1528 年的一篇文章中精准描绘出这种感觉："无论我身处何地，目之所及的一切都在改变，就像我站在不同的舞台上，看到的是不同的剧院，确切地说，是一个新世界。"

后 记

这部作品是在一个研究小组的友好氛围中写作而成的，该小组自 1997 年在萨兰托大学成立以来，长期获得了意大利教育、大学及科研部的慷慨支持。亚历山德拉 · 贝卡里西、纳迪亚 · 布雷、达格玛 · 戈特沙尔、亚历山德罗 · 帕拉佐、菲奥雷拉 · 雷图奇和伊莉莎 · 鲁比诺参加过讨论和修订工作。达格 · 尼古拉斯 · 哈斯（维尔茨堡）和克里斯蒂娜 · 丹科纳（比萨）帮助处理过与阿拉伯相关的内容。我有幸与国际中世纪研究界的权威人士探讨过我的史学观点。其中我想至少应该提及库尔特·弗拉士（美因茨）、图里奥格雷戈里（罗马）、鲁迪·因巴赫（巴黎）、阿兰·德·利贝拉（日内瓦）、巴克哈德·莫伊西施（波鸿）、帕斯夸莱·波罗（巴里）和安德烈亚斯·施佩尔（科隆），因为我从他们所有人身上受益良多。

参考文献

中世纪哲学史研究具有鲜明的国际特色。下列简短的参考书目仅限于可用德语查阅的相关著作，更多的参考文献包含在引用作品内。

工具书：

Lexikon des Mittelalters, 10 Bde., München 1980–1999 (Studienausgabe Stuttgart 1999, 2003, auch online). 这是一部无可替代的百科全书，甚至连阿拉伯和拜占庭的学者都有所介绍。

阅读文献：

Geschichte der Philosophie in Text und Darstellung. Mittelalter, hrsg. von Kurt Flasch, Stuttgart 1982, Neuausg.

2011. 内容全面的文选，带有详细的辅助说明。

Meiners Philosophische Bibliothek, Hamburg: in der ältesten deutschen philosophischen Textreihe, 1868 gegründet. 收录众多中世纪学者的作品集，大部分都是双语版。

Herders Bibliothek der Philosophie des Mittelalters, hrsg. von M. Lutz-Bachmann, A. Fidora und A. Niederberger, Freiburg i. Br., 2005 gegründet. 截至目前已出版 30 卷；这一出版项目预计涵盖中世纪的拉丁、阿拉伯、犹太和拜占庭相关文献，并全部采用原文和德文译本的双语版本。

总体概览：

Kurt Flasch, *Das philosophische Denken im Mittelalter. Von Augustin bis Machiavelli*, Stuttgart 1986, 2. Aufl. 2006. 此书是这一领域的经典著作，根据第一手材料介绍了各位学者，还收录了具有国际视野的参考书目。目前还有一个经过修订的扩展版即将付印。

Kurt Flasch, *Einführung in die Philosophie des Mittelalters*, Darmstadt 1987, 3. Aufl. 1994: *Philosophie als Debatte von Menschen und nicht als Geschichte ewig wiederkehrender Probleme*. 这卷作品已经被翻译成多种

语言。作者凭借其惊人的高产和多层面的研究成果，显示出深厚的理论功底。

Kurt Flasch, *Philosophie hat Geschichte. Bd. 1: Historische Philosophie. Beschreibung einer Denkart*, Frankfurt a. M. 2003. *Bd. 2: Theorie der Philosophiehistorie*, Frankfurt a. M. 2005.

Peter Schulthess, Ruedi Imbach, *Die Philosophie im lateinischen Mittelalter. Ein Handbuch mit einem bio-bibliographischen Repertorium,* Zürich 1996. 两位作者通过这本手册为他们修订的 Ueberwegs 版哲学史的新版本奠定了基础: *Grundriss der Geschichte der Philosophie*. Begründet von Friedrich Ueberweg. Völlig neubearbeitete Ausgabe hrsg. von Helmut Holzhey, Basel 1993–. In Vorbereitung befinden sich die Bde.: *Die Philosophie des Mittelalters*. 1/1. Philosophie in Byzanz; 1/2. Philosophie im Judentum; 2. 7.–11. Jahrhundert; 3. 12. Jahrhundert; 4. 13. Jahrhundert. 5. 14. Jahrhundert. Darüber hinaus: *Die Philosophie in der islamischen Welt*, 3 Bde.

Alain de Libera, *Die mittelalterliche Philosophie*, München 2005. 概述性内容，根据主题安排章节。

Geschichte der Philosophie. Bd. IV: Wolfgang L.

Gombocz, Die Philosophie der ausgehenden Antike und des frühen Mittelalters, München 1997.

Geschichte der Philosophie. Bd. V: Theo Kobusch, Die Philosophie des Hochund Spätmittelalters, München 2011.

Ruedi Imbach, *Laien in der Philosophie des Mittelalters. Hinweise und Anregungen zu einem vernachlässigten Thema*, Amsterdam 2002. 探讨民间方言的哲学问题。

Alain de Libera, *Denken im Mittelalter*, München 2003. 涉及哲学的非专业化问题以及 13 至 14 世纪在巴黎和德国的学术争议。

Loris Sturlese, *Die deutsche Philosophie im Mittelalter. Von Bonifatius bis zu Albert dem Großen (748–1280)*, München 1993. 尝试从"地域"视角讲述哲学史。涉及下列时期：

Loris Sturlese, *Homo divinus. Philosophische Projekte in Deutschland zwischen Meister Eckhart und Heinrich Seuse*, Stuttgart 2007.

Geschichte der Universität in Europa, hrsg. von Walter Rüegg. Bd. 1: *Mittelalter*, München 1993. 关于中世纪大学的入门之作。

拜占庭哲学：

Georgi Kapriev, *Philosophie in Byzanz*, Würzburg 2005.

阿拉伯－伊斯兰教哲学：

Ulrich Rudolph, *Islamische Philosophie. Von den Anfängen bis zur Gegenwart*, 2. Aufl., München 2009. 附有参考书目。

Georg Bossong, *Das Maurische Spanien. Geschichte und Kultur*, 2. Aufl., München 2010.

犹太哲学：

Heinrich Simon, Marie Simon, *Geschichte der jüdischen Philosophie*, München 1984, Leipzig 1999.

Georg Bossong, *Die Sepharden. Geschichte und Kultur der spanischen Juden*, München 2008.

学术期刊：

Recherches de Théologie et Philosophie Médiévales / Forschungen zur Theologie und Philosophie des Mittelalters, 1929– . 带有附刊（*Bibliotheca*，其中包括关于阿威罗伊

和杜兰杜斯《箴言四书注释》的专刊）。

Bochumer philosophisches Jahrbuch für Antike und Mittelalter, 1996– .

带德文评注的关键性哲学文献（截至 2012）：

Nicolai de Cusa Opera omnia, Hamburg 1932–2010: 20 Bde.

Meister Eckhart. *Die deutschen und die lateinischen Werke*, Stuttgart 1936– : 11 Bde.

Alberti Magni Opera omnia, editio Coloniensis, Münster i. W. 1952– : 30 Bde.

Veröffentlichungen der Kommission für die Herausgabe ungedruckter Texte aus der mittelalterlichen Geisteswelt, München 1965– : 24 Bde.

Corpus Philosophorum Teutonicorum Medii Aevi, Hamburg 1977– : 31 Bde. und 4 Beihefte.

重要的德文丛书类出版物（截至 2012）：

Beiträge zur Geschichte der Philosophie und Theologie des Mittelalters, Münster i. W. 1891– : 43 Bde; Neue Folge 75 Bde.

Studien und Texte zur Geistesgeschichte des Mittelalters, Leiden 1950– : 108 Bde.

Miscellanea Mediaevalia. Veröffentlichungen des Thomas-Instituts der Universität zu Köln, Berlin, New York 1962: 34 Bde.

Veröffentlichungen des Grabmann-Institutes zur Erforschung der mittelalterlichen Theologie und Philosophie, München [-Berlin] 1967– : 50 Bde.

Bochumer Studien zur Philosophie, Amsterdam 1982– : 52 Bde.

人名译名对照表

Abû l-Hudhayl 艾布·胡栽勒

Abû Ma'shar al-Balkhî 艾布·麦尔舍尔·巴尔希

Abû Ya'qûb Yûssuf, Kalif 艾布·叶尔库白·优素福

Adam von Buckfield 亚当·贝克菲尔德

Adam von Marsh 亚当·马什

Adam Wodham 亚当·沃德哈姆

Adelard von Bath 巴斯的阿德拉德

Adelmann von Lüttich 列日的亚德尔曼

Aegidius von Orléans 奥尔良的埃吉迪乌斯

Aegidius von Rom 罗马的吉尔斯

Aeneas von Gaza 加沙的埃涅阿斯

Agobard von Lyon 里昂的阿戈巴德

Alanus ab Insulis 里尔的阿兰

Alberich von Reims 兰斯的阿尔贝里希

Albert der Große 大阿尔伯特

Albert von Orlamünde 奥拉蒙德的阿尔伯特

Albert von Sachsen 萨克森的阿尔伯特

Alberti, Leon Battista 莱昂・巴蒂斯塔・阿尔伯蒂

Albumasar s. Abû Ma‘shar al-Balkhî 阿布・马夏尔（即艾布・麦尔舍尔・巴尔希）

Alexander Neckham 亚历山大・尼卡姆

Alexander von Aphrodisias 阿弗罗狄西亚的亚历山大

Alexander von Hales 哈勒斯的亚历山大

Alfons der Weise, König von Kastilien 卡斯蒂利亚国王“智者”阿方索十世

Alfred von Sareshill 萨利谢尔的阿尔弗雷德

‘Alî ibn al-‘Abbâs 阿里・伊本・阿巴斯・玛古斯

Alkuin von York 约克的阿尔昆

al-Âmidî, Sayf al-Dîn 赛义夫丁・阿米迪

Ammonios Hermeiou 阿摩尼乌斯

Angelikudes, Kallistos 卡里斯托斯・安吉利库德斯

Angelo von Arezzo 安杰洛・阿雷佐

Anselm von Aosta 奥斯塔的安瑟尔谟

Anselm von Havelberg 哈维堡的安塞姆

Anselm von Laon 拉昂的安瑟尔谟

Archimedes 阿基米德

Aristoteles 亚里士多德

Augustinus 奥古斯丁

Avendauth 阿文道特

Averroes 阿威罗伊

Avicebron s. Ibn Gabirol 阿维斯布隆（即所罗门·本·耶胡达·伊本·卡毕罗）

Avicenna 阿维森纳

Bacon, Roger s. Roger Bacon 培根，罗伯特（即罗伯特·培根）

Barlaam von Seminara 塞米纳拉的巴拉姆

al-Battânî, Muhammad ibn Djâbir 阿尔巴塔尼，穆罕默德·本·贾比尔

Beda 比德

Berengar von Tours 图尔的贝伦加尔

Bernhard von Chartres 沙特尔的伯纳德

Bernhard von Clairvaux 克莱尔沃的圣伯纳德

Bernhard von Trilia 特利拉的贝纳尔

Bernhardus Silvestris 伯纳德·西尔维斯特里斯

Berthold von Moosburg 伯托德・冯・莫斯堡

Bessarion 贝萨里翁

Blemmydes, Nikephoros 尼基弗鲁斯・布雷米狄斯

Blund, John s. Johannes Blund 布伦德，约翰（即约翰·布伦德）

Boethius 波爱修斯

Boethius von Dänemark 达齐亚的波埃修

Bonaventura 波纳文图拉

Bracciolini, Poggio 波焦・布拉乔利尼

Briennios, Joseph 约瑟夫・布莱恩尼奥斯

Bruni, Leonardo 莱昂纳多・布鲁尼

Bruno, Giordano 乔尔丹诺・布鲁诺

Burgundio von Pisa 比萨的勃艮第奥

Campanus von Novara 诺瓦拉的坎帕努斯

Cassiodor 卡西奥多罗斯

Cecco von Ascoli 切科・达阿斯科利

Chiwi al-Balkhî 巴尔克的奇维

Chrysoberges, Andreas 安德烈亚斯・赫里索伯格斯

Chrysoberges, Maximos 马克西莫斯・赫里索伯格斯

Chrysoloras, Demetrios 德米特里・赫里索洛拉斯

Chrysoloras, Manuel 曼努埃尔・赫里索洛拉斯

Cicero 西塞罗

Clarembald von Arras 阿拉斯的克拉恩鲍德

Constantinus Africanus 迦太基的君士坦丁那斯

Damaskios 达马斯基奥斯

Daniel von Morley 莫雷的丹尼尔

Dante Alighieri 但丁·阿利吉耶里

David al-Muqammis 大卫·阿尔穆加米斯

David der Armenier 亚美尼亚的无敌大卫

David von Dinant 迪南的大卫

al-Dawânî, Djalâddîn 贾拉丁·阿尔－达瓦尼

Dawid Almuqammis s. David al-Muqammis 大卫·阿尔穆加米斯

Dietrich von Freiberg 弗赖贝格的迪特里希

Diogenes 狄奥杰尼斯

Diogenes Laertios 第欧根尼·拉尔修

Dionysios pseudo-Areopagites 亚略巴谷的（伪）狄奥尼修斯

Domingo Gundisalvo 多明尼库斯·贡狄萨利奴斯

Donat 多纳图斯

Dungal 敦加尔

Durandus von St. Pourçain 圣普尔坎的杜兰杜斯

Eckhart von Hochheim 霍赫海姆的埃克哈特

Eleasar von Worms 沃姆斯的艾力沙

Eloise 爱洛伊斯

Epikur 伊壁鸠鲁

Erasmus von Rotterdam 鹿特丹的伊拉斯谟

Erkenfrid von Erfurt 埃尔福特的艾肯弗里德

Eugenikos, Markos 马可斯 · 欧根尼库斯

Euklid 欧几里得

Eulamios 尤拉利乌斯

Eustachius von Arras 阿拉斯的尤斯特拉修斯

Eustratios von Nikaia 尼西亚的尤斯特拉修斯

al-Fârâbî, Abû Nasr 阿布 · 纳斯尔 · 阿尔 – 法拉比

Fibonacci, Leonardo 莱昂纳多 · 斐波那契

Filelfo, Francesco 弗朗切斯科 · 菲莱尔福

Florus von Lyon 里昂的弗洛鲁斯

Franz von Meyronnes 梅罗讷的法兰西斯

Franz von Assisi 方济各

Fridugis von Tours 图尔的弗里德基斯

Friedrich I., Kaiser 腓特烈一世

Friedrich II., Kaiser 腓特烈二世

Galen 盖伦

Galilei, Galileo 伽利略・伽利雷

Gazes, Theodoros 塞奥多罗斯・加扎

Georgios 乔治斯

Georgios Scholarios 乔治・斯科拉里奥斯

Georgios Trapezuntios 特拉布宗的乔治

Gerhard von Abbéville 阿布维尔的格哈德

Gerhard von Borgo San Donnino 伯格圣多尼诺的格哈德

Gerhard von Cremona 克雷莫纳的杰拉德

Gerhoch von Reichersberg 赖谢斯贝格的格霍赫

Gerson, Johannes 约翰・格尔森

al-Ghazâlî, Abû Hâmid 艾布・哈米德・安萨里

Gilbert Porreta 普瓦捷的吉尔伯特

Gonsalvus von Spanien 西班牙的冈察乌斯

Gottfried Plantagenet, Herzog 诺曼底公爵若弗鲁瓦五世

Gottfried von Fontaines 方汀斯的哥德弗雷

Gottschalk der Sachse 撒克逊的哥特沙克

Gregor von Nazianz 纳兹安祖斯的格里高利

Gregor von Rimini 里米尼的格列高利

Gregoras, Nikephoros 尼基弗鲁斯・格雷戈拉斯

Grosseteste s. Robert Grosseteste 格罗斯泰斯特（即罗伯特・格罗斯泰斯特）

Guarino di Verona 瓜里诺 · 达韦罗纳

Guitmond von Aversa 阿韦尔萨的癸特摩德

Hegel, Georg Wilhelm Friedrich 格奥尔格 · 威廉 · 弗里德里希 · 黑格尔

Heinrich Plantagenet, König 国王亨利二世

Heinrich von Brüssel 布鲁塞尔的亨利

Heinrich von Friemar 弗里马尔的海因里希

Heinrich von Gent 根特的亨利

Heinrich von Gorkum 海因里希 · 冯 · 戈尔库姆

Helias von Alexandria 亚历山大里亚的赫利亚斯

Henanisho 赫南尼索

Henricus Aristippus 亨里克斯 · 阿里斯蒂皮斯

Hermann von Carinthia 卡林西亚的赫尔曼

Hermann von der Reichenau 赫尔曼修士

Hermes Trismegistos 赫耳墨斯 · 特里斯墨吉斯忒斯

Hermias 赫米阿斯

Herveus Natalis 赫维斯 · 纳塔利斯

Hilduin 希尔都因

Hiltalingen, Johannes 约翰 · 希尔塔林根

Hincmar von Reims 兰斯的安克马尔

Honorius Augustodunensis 奥诺里于斯 · 奥古斯托都南西斯

Hrabanus Maurus 赫拉班・莫鲁斯

Hubaysh ibn al-Hasan 胡巴伊什・伊本・阿尔 – 哈桑

Hugo von Honau 霍瑙的雨果

Hugo von Langres 朗格勒的雨果

Hugo von Newcastle 纽卡斯尔的雨果

Hugo von St. Cher 圣谢尔河的休

Hugo von St. Viktor 圣维克多的雨果

Hugo von Straßburg 斯特拉斯堡的雨果

Hunayn ibn Ishâq 侯奈因・伊本・伊斯哈格

Ibn Abî l-Djumûr al-Ahsâ' î 伊本・阿比尔 – 久姆杜尔・阿尔 – 阿赫沙伊

Ibn (al-) 'Arabî, Muhyîddîn 伊本・阿拉比

Ibn Bâdjdja 伊本・巴哲

Ibn Daud s. Avendauth 伊本・达乌德（即阿文道特）

Ibn Gabirol 所罗门・本・耶胡达・伊本・卡毕罗

Ibn al-Haytham, Abû 'Alî al-Hasan 阿布・阿里・艾尔 – 哈桑・伊本・海什木

Ibn Khaldûn 伊本・赫勒敦

Ibn al-Râwandî 伊本・拉旺迪

Ibn Rusch s. Averoes 伊本・路世德（即阿威罗伊）

Ibn Sab 'în 伊本・萨宾

Ibn Sînâ s. Avicenna 本・西那（即阿维森纳）

Ibn Taymiyya 伊本・泰米叶

Ibn Tufayl 伊本・图菲利

Innozenz V., Papst 教皇英诺森五世

'Isâ ibn Yahyâ 伊萨・伊本・叶海亚

Isaak Albalag 以撒・阿尔巴拉格

Isaak Solomon Israeli 以撒・所罗门・以色列

Ishâq ibn Hunayn 伊斯哈格・伊本・侯奈因

Isidor von Alexandria 亚历山大里亚的伊西多尔

Isidor von Gaza 加沙的伊西多尔

Isidor von Sevilla 塞维利亚的伊西多尔

Jakob von Metz 雅各布・冯・梅茨

Jakob von Venedig 威尼斯的雅各布

Jakob von Viterbo 维泰博的雅各布

Jamblichos 杨布利柯

Jehuda ben Salomon ha-Cohen 尤达・本・所罗门・哈－科恩

Joachim von Fiore 菲奥里的约阿希姆

Johannes XXI., Papst 教皇约翰二十一世

Johannes XXII., Papst 教皇约翰二十二世

Johannes Blund 约翰・布伦德

Johannes Buridan 约翰·布里丹

Johannes Capreolus 约翰·卡普雷奥吕

Johannes Chrysostomos 金口约翰

Johannes de Rupella 拉劳切尔的约翰

Johannes Dumbleton 约翰·登布尔顿

Johannes Duns, Scotus 约翰·邓斯·司各脱

Johannes Eriugena 约翰内斯·爱留根纳

Johannes Italos 约翰·伊塔卢斯

Johannes Peckham 约翰·佩克姆

Johannes Philoponos 约翰·斐劳波诺斯

Johannes Picardi von Lichtenberg 利希滕贝格的约翰内斯·皮卡尔迪

Johannes Quidort 巴黎的约翰

Johannes von Dänemark 斯堪的纳维亚人约翰内斯

Johannes von Damaskus 大马士革的圣约翰

Johannes von Jandun 简登的约翰

Johannes von Salisbury 索尔兹伯里的约翰

Johannes von Sevilla 塞维利亚的约翰

Josef ibn Zadiq 约瑟夫·伊本·扎迪克

Justinian, Kaiser 查士丁尼一世

Kabasilas, Neilos 尼尔奥斯·卡巴希拉斯

Kabasilas, Nikolaos 尼古拉斯・卡巴希拉斯

Kalekas, Manuel 曼努埃尔・卡莱卡斯

Karl der Große, Kaiser 查理曼大帝

Karl der Kahle, Kaiser 秃头查理

Karl IV., Kaiser 查理四世

Karl V., König 查理五世

al-Khwârizmî, Muhammad ibn Mûsâ 穆罕默德・本・穆萨・阿尔・花剌子模

al-Kindî, Abû Ya'qûb 艾布・亚库布・阿尔－肯迪

Klemens IV., Papst 教皇克雷芒四世

Konrad von Megenberg 康拉德・冯・梅根伯格

Konstantin, Kaiser 君士坦丁大帝

Kosroes I. 库思老一世

Kydones, Demetrios 德米特里・西多尼斯

Kydones, Prochoros 普克欧罗・西多尼斯

Lambert von Lagny 拉格尼的兰伯特

Lanfrank von Pavia 帕维亚的兰弗朗克

Leon Philosophos von Konstantinopel 君士坦丁堡的“哲学家”莱昂斯

Levi ben Gershon 莱维・本・热尔松

Ludwig IV., Kaiser 路易四世

Lukrez 卢克莱修

Lupus von Ferrières 费里埃的卢普斯

Maimonides, Moses 摩西・迈蒙（迈蒙尼德）

Macrobius 马克拉比

Mâlik ibn Anas 马立克・伊本・艾奈斯

al-Ma’mûn, Kalif 哈里发马蒙

Manegold von Lautenbach 洛滕巴赫的曼尼戈德

Marinos von Nablus 马里努斯

Marsilius von Inghen 英格恩的马西利乌斯

Marsilius von Padua 帕多瓦的马西利乌斯

Martianus Capella 马蒂亚努斯・卡佩拉

Martin von Dänemark 达齐亚的马丁

Mâshâ’allâh ibn Atharî 马沙阿拉・伊本・阿塔里

Mattâ ibn Yunus 玛塔・伊本尤努斯

Matthäus von Acquasparta 阿库斯帕达的马太

Matthäus von Gubbio 马太・古比奥

Matthäus von Piacenza 马太・皮亚琴察

Maximos der Bekenner 忏悔者圣马克西穆斯

Michael Scotus 迈克尔・司各脱

Michael von Ephesos 米海尔・普塞路斯

Moses Narboni 摩西・纳伯尼

Moses von Bergamo 贝加莫的摩西

al-Mu‘tasim, Kalif 哈里发穆阿台绥姆

Nemesios von Emesa 艾米萨的奈美修斯

Nigri, Petrus 彼得·尼格里

Nikita von Nikomedien 尼科米底亚的尼基塔

Nikolaus IV., Papst 教皇尼古拉四世

Nikolaus von Oresme 尼克尔·奥里斯姆

Nikolaus Trevet 尼古拉斯·特雷维特

Nikolaus von Amiens 亚眠的尼古拉斯

Nikolaus von Autrecourt 欧特尔库的尼古拉

Nikolaus von Kues 库萨的尼古拉

Nikolaus von Methone 墨托涅的尼古拉斯

Nikolaus von Paris 巴黎的尼科拉

Nikomachos von Gerasa 杰拉萨的尼科马霍斯

Olympiodoros 奥林匹多罗斯

Otloh von St. Emmeram 圣埃米兰的奥特洛

Otto von Freising 福莱辛的奥托

Pachymeres, Georgios 乔治·帕奇梅雷斯

Palamas, Gregorios 格列高利·帕拉马斯

Paolo Veneto 保罗·威尼托

Pappos 帕波斯

Paulus, Apostel 使徒保罗

Paulus Persa 保卢斯・佩尔萨

Petrarca, Francesco 弗朗西斯科・彼特拉克

Peter von Ailly 皮埃尔・德埃利

Petrus Abaelard 彼得・阿伯拉尔

Petrus Aureoli 彼得・奥里奥尔

Petrus Damiani 彼得・达米安

Petrus Hispanus s. Johannes XXI. 彼得・伊斯帕努斯（即教皇约翰二十一世）

Petrus Johannis Olivi 彼得・约翰尼斯・奥利维

Petrus Lombardus 彼得・伦巴德

Petrus von Abano 彼得罗・达巴诺

Petrus de Trabibus 彼得卢斯・德・特拉比布斯

Petrus von Wien 维也纳的彼得

Philipp der Kanzler 主教法官菲利普

Photios 牧首佛提乌

Planudes, Maximos 马克西姆斯・普拉努德斯

Platon 柏拉图

Platon von Tivoli 蒂沃利的普拉托

Plethon, Georgios Gemistos 乔治・格弥斯托士・卜列东

Plinius 老普林尼

Plotin 普罗提诺

Plutarch 普鲁塔克

Pomponazzi, Pietro 彼得罗・彭波那齐

Praepositinus von Cremona 克雷莫纳的普雷波斯替

Priscian von Caesarea 凯撒利亚的普里希安

Priskianos von Lydien 吕底亚的普里西安

Proba 普罗巴

Proklos 普罗克洛斯

Prokopius von Gaza 加沙的普罗科皮乌什

Prudentius von Troyes 特鲁瓦的普鲁登修斯

Psellos, Michael 米海尔・普塞路斯

Ptolemaios 托勒密

Pythagoras 毕达哥拉斯

Qustâ ibn Lûqâ 古斯塔・伊本・卢加

Radulf von Laon 拉昂的拉杜尔夫

Radulphus Brito 拉杜尔弗斯・布里托

Rambert de' Primadizzi 波隆那的郎伯特

Ratramnus von Corbie 科尔比的拉特兰努

Raymundus Lullus 雷蒙・卢尔

al-Râzî, Abû Bakr 阿布・贝克尔・阿尔 - 拉齐

al-Râzî, Fakr al-Dîn 法赫鲁丁・拉齐

Richard Campsall 坎普萨尔的理查德

Richard Fishacre 理查德·费夏克里

Richard Fitzralph 理查德·费兹拉

Richard Kilvington 理查德·科尔威顿

Richard Knapwell 理查德·克纳温

Richard Rufus von Cornwall 康沃尔的理查德·鲁弗斯

Richard Swineshead 理查德·斯万斯海德

Richard von Bury 理查德·德·伯里

Richard von St. Viktor 圣维克多的理查德

Robert Bacon 罗伯特·培根

Robert Grosseteste 罗伯特·格罗斯泰斯特

Robert Holkot 罗伯特·霍尔科特

Robert Kilwardby 罗伯特·基尔沃比

Robert von Chester 切斯特的罗伯特

Robert von Courçon 罗伯特·德·库尔松

Robert von Melun 默伦的罗伯特

Robert von Orford 罗伯特·奥福德

Roger Bacon 罗杰尔·培根

Roger von Hereford 罗吉尔·赫尔福德

Roland von Cremona 克雷莫纳的罗兰

Roscelin von Compiègne 贡比涅的洛色林

Rupert von Deutz 多伊茨的鲁珀特

Saadja Gaon 萨阿德叶・加昂

Sahl ibn Bishr 夏・宾・必沙

Sahl ibn Hârûn 塞赫勒・伊本－哈伦

Salutati, Coluccio 科卢乔・萨卢塔蒂

Samuel ibn Tibbon 撒母耳・伊本・提波安

Schwarz, Peter s. Nigri, Petrus 彼得・施瓦茨（即彼得・尼格里）

Seneca 塞涅卡

Sergios von Resh‘ayna 芮塞纳的谢尔盖

Seuse, Heinrich 海因里希・苏索

Severos Sebokt 塞维鲁斯・塞伯赫特

al-Shahrastânî, Muhammad 穆罕默德・沙赫拉斯塔尼

al-Shîrâzî, Qutb al-Dîn 库特布丁・设拉子

Sibert von Beek 比克的希尔伯特

Siger von Brabant 布拉班特的西格尔

Simon von Tournai 图尔奈的西蒙

Simplikios 辛普利西乌斯

Stephan Langton 斯蒂芬・兰顿

Stephan von Alexandria 亚历山大里亚的斯蒂法诺斯

al-Suhrawardî, Shihâb al-Dîn 谢哈卜丁・苏赫拉瓦尔迪

Sylvan von Qardu 科都内的斯尔万

Sylvester II., Papst 教皇西尔维斯特二世

Tauler, Johannes 约翰・陶勒尔

Tempier, Étienne 埃蒂安・唐皮耶

Thâbit ibn Qurra 塔比・伊本・库拉

Thaddäus von Parma 塔德乌斯・帕尔马

Theoderich, König 国王狄奥多里克

Theodorus von Antiochien 安条克的塞奥多罗斯

Theophrast 提奥弗拉斯特

Thierry von Chartres 沙特尔的蒂埃里

Thomas Bradwardine 托马斯・布雷德沃丁

Thomas de Vio Caietani 托马索・德・维奥

Thomas Le Myésier 托马斯・勒迈西尔

Thomas von Aquin 托马斯・阿奎那

Thomas von Erfurt 托马斯・冯・埃尔福特

Thomas von Straßburg 斯特拉斯堡的托马斯

Thomas von Sutton 托马斯・萨顿

Thomas von York 托马斯・约克

Traversari, Ambrogio 安布罗乔・特拉沃萨里

al-Tûsî, Nasîr al-Dîn 纳绥尔丁・图西

Ulrich von Straßburg 斯特拉斯堡的乌尔里希

Valla, Giorgio 乔尔乔·瓦拉
Vitalis de Furno 福尔诺的维塔利斯
Walter Burley 瓦尔特·伯尔莱
Walther Chatton 沃尔特·查顿
Walther von Brügge 布鲁日的瓦尔特
Wâsil ibn 'Atâ' 瓦绥勒·本·阿塔
Wilhelm Crathorn 威廉·克拉索恩
Wilhelm de la Mare 威廉·德拉·梅尔
Wilhelm Heytesbury 威廉·海特斯伯里
Wilhelm Petri de Godino 威廉·佩特里·德·戈迪诺
Wilhelm von Alnwick 昂维克的威廉
Wilhelm von Auvergne 奥弗涅的威廉
Wilhelm von Auxerre 欧塞尔的威廉
Wilhelm von Champeaux 香浦的威廉
Wilhelm von Conches 孔什的威廉
Wilhelm von Hothun 威廉·豪瑟姆
Wilhelm von Macclesfield 威廉·麦克莱斯菲尔德
Wilhelm von Moerbeke 穆尔贝克的威廉
Wilhelm von Ockham 奥卡姆的威廉
Wilhelm von Sherwood 舍伍德的威廉
Wilhelm von St. Thierry 圣蒂埃里的威廉

Witelo 维提罗

Wycliffe, John 约翰・威克里夫

Yuhannâ ibn Haylân 尤哈那・哈依兰

Zael s. Sahl ibn Bishr 萨尔（即夏・宾・必沙）

Zeno, Kaiser 芝诺皇帝

图书在版编目（CIP）数据

中世纪哲学：从波爱修斯到库萨的尼古拉／（意）洛里斯·斯图莱塞著；李彦达译．—上海：上海三联书店，2024.9．—（日耳曼通识译丛）．— ISBN 978-7-5426-8637-4

Ⅰ．B13

中国国家版本馆 CIP 数据核字第 20245WV825 号

中世纪哲学：从波爱修斯到库萨的尼古拉

著　　者／〔意〕洛里斯·斯图莱塞
译　　者／李彦达
责任编辑／王　建　樊　钰
特约编辑／张士超
装帧设计／字里行间设计工作室
监　　制／姚　军
出版发行／上海三联书店
(200041）中国上海市静安区威海路 755 号 30 楼
联系电话／编辑部：021-22895517
发行部：021-22895559
印　　刷／三河市中晟雅豪印务有限公司
版　　次／2024 年 9 月第 1 版
印　　次／2024 年 9 月第 1 次印刷
开　　本／787×1092　1/32
字　　数／83 千字
印　　张／6.5

ISBN 978-7-5426-8637-4／B·918

定　价：32.80元

著作权合同登记号　图字：10-2022-391号